Meryem Saïdi
Nesma Settouti
Mohamed Amine Chikh

Traitement de données médicales par un système immunitaire artificiel

Meryem Saidi
Nesma Settouti
Mohamed Amine Chikh

Traitement de données médicales par un système immunitaire artificiel

Reconnaissance automatique du diabète

Éditions universitaires européennes

Mentions légales / Imprint (applicable pour l'Allemagne seulement / only for Germany)
Information bibliographique publiée par la Deutsche Nationalbibliothek: La Deutsche Nationalbibliothek inscrit cette publication à la Deutsche Nationalbibliografie; des données bibliographiques détaillées sont disponibles sur internet à l'adresse http://dnb.d-nb.de.
Toutes marques et noms de produits mentionnés dans ce livre demeurent sous la protection des marques, des marques déposées et des brevets, et sont des marques ou des marques déposées de leurs détenteurs respectifs. L'utilisation des marques, noms de produits, noms communs, noms commerciaux, descriptions de produits, etc, même sans qu'ils soient mentionnés de façon particulière dans ce livre ne signifie en aucune façon que ces noms peuvent être utilisés sans restriction à l'égard de la législation pour la protection des marques et des marques déposées et pourraient donc être utilisés par quiconque.

Photo de la couverture: www.ingimage.com

Editeur: Éditions universitaires européennes est une marque déposée de
Südwestdeutscher Verlag für Hochschulschriften GmbH & Co. KG
Heinrich-Böcking-Str. 6-8, 66121 Sarrebruck, Allemagne
Téléphone +49 681 37 20 271-1, Fax +49 681 37 20 271-0
Email: info@editions-ue.com

Produit en Allemagne:
Schaltungsdienst Lange o.H.G., Berlin
Books on Demand GmbH, Norderstedt
Reha GmbH, Saarbrücken
Amazon Distribution GmbH, Leipzig
ISBN: 978-3-8417-9685-1

Imprint (only for USA, GB)
Bibliographic information published by the Deutsche Nationalbibliothek: The Deutsche Nationalbibliothek lists this publication in the Deutsche Nationalbibliografie; detailed bibliographic data are available in the Internet at http://dnb.d-nb.de.
Any brand names and product names mentioned in this book are subject to trademark, brand or patent protection and are trademarks or registered trademarks of their respective holders. The use of brand names, product names, common names, trade names, product descriptions etc. even without a particular marking in this works is in no way to be construed to mean that such names may be regarded as unrestricted in respect of trademark and brand protection legislation and could thus be used by anyone.

Cover image: www.ingimage.com

Publisher: Éditions universitaires européennes is an imprint of the publishing house
Südwestdeutscher Verlag für Hochschulschriften GmbH & Co. KG
Heinrich-Böcking-Str. 6-8, 66121 Saarbrücken, Germany
Phone +49 681 3720-310, Fax +49 681 3720-3109
Email: info@editions-ue.com

Printed in the U.S.A.
Printed in the U.K. by (see last page)
ISBN: 978-3-8417-9685-1

Dédicace

Table des matières

Dédicace   **i**

Glossaire   **xiii**

Introduction   **1**

Introduction   **1**

1 Présentation du Diabète   **5**

Table des figures

Liste des tableaux

Résumé

L'utilisation des systèmes experts et les techniques dites intelligentes en diagnostic médical ne cesse d'augmenter graduellement. Les Systèmes Immunitaires Artificiels (SIAs) sont des méthodes parmi d'autres utilisées dans le diagnostic médical. Ce mémoire présente une approche hybride MAIRS2 (Modified Artificial Immune Recognition System 2) basé sur l'apprentissage du AIRS2 et l'algorithme K-plus proche voisin flou (k-ppv flou) pour reconnaître les personnes diabétiques présentes dans la base de données Pima Indians diabetes (PID). Les performances des deux classifieurs, AIRS2 et MAIRS2, ont été comparées en fonction du taux de classification, sensibilité et spécificité. Les plus hauts taux de classification obtenus par l'application de l'AIRS2 et MAIRS2 sont respectivement 82.69 % et 89.10 %, en appliquant l'approche 10-folds cross-validation.

Mots clés

Base de données Pima Indians diabetes, diagnositic, AIRS2, MAIRS2, K-plus proche voisin flou.

Abstract

The use of expert systems and artificial intelligence techniques in disease diagnosis has been increasing gradually. Artificial Immune Recognition System (AIRS) is one of the methods used in medical classification problems. AIRS2 is a more efficient version of the AIRS algorithm. In this paper, we used a modified AIRS2 called MAIRS2 where we replace the K- nearest neighbors algorithm with the fuzzy K-nearest neighbors to improve the diagnostic accuracy of diabetes diseases. The diabetes disease dataset used in our work is retrieved from UCI machine learning repository. The performances of the AIRS2 and MAIRS2 are evaluated regarding classification accuracy, sensitivity and specificity values. The highest classification accuracy obtained when applying the AIRS2 and MAIRS2 using 10-fold cross-validation was, respectively 82.69 % and 89.10 %.

Keywords

Pima Indians diabetes data set, diagnosis, AIRS2, MAIRS2, fuzzy k- nearest neighbors...

Glossaire

ADA : Association Américaine de Diabète.

AIRS2 : Artificial Immune Recognition System 2.

ARB : Artificial Recognition Ball, contient des informations sur la cellule-B.

ATS : Affinity Threshold Scalar.

DM : Diabetes Mellitus.

GPJ : Glycémie plasmatique à jeun.

GPO : Glycémie plasmatique occasionnelle.

HGPO : Hyperglycémie provoquée par voie orale.

k-folds cross-validation : Méthode statistique d'évaluation et de comparaison des algorithmes d'apprentissage.

k-ppv flou : K-plus proche voisin flou.

k-ppv : K-plus proche voisin.

Le non-soi : toute molécule étrangère au corps.

Le soi : Toute molécule appartenant au corps.

MAIRS2 : Modified Artificial Immune Recognition System 2.

mc : Cellule mémoire.

MC : Ensemble des cellules mémoire.

MCH : Un système de reconnaissance du soi.

PID : la base de données Pima Indians Diabetes.

SIAs : Systèmes Immunitaires Artificiels.

Introduction

L'apprentissage est la capacité de s'améliorer avec l'expérience, de se rappeler les décisions antérieures et les résultats afin de faire de meilleurs choix à l'avenir dans des situations similaires. L'apprentissage automatique est une discipline de l'intelligence artificielle. D'après Tom Mitchell, l'apprentissage automatique cherche é trouver le moyen de construire des programmes informatique qui s'améliorent automatiquement avec l'expérience. Quand à H. Simon, il a présenté l'une des métaphores utilisées dans le domaine de l'apprentissage automatique et qui considère la résolution de problèmes comme un type d'apprentissage qui, une fois le problème résolu, est capable de reconnaitre la problématique et réagir en utilisant la stratégie apprise.

L'une des motivations les plus importantes de la construction des systèmes d'apprentissage automatique réside dans le fait que dans plusieurs domaines l'expérience est insuffisante et la codification de la connaissance qui la décrit est limité, fragmenté et donc incomplète. En plus doté un agent avec toute la connaissance nécessaire est une tâche très complexe, coûteuse, longue et dans laquelle l'élimination des erreurs possibles est difficile et nécessite une attention spécialisé [1].

Le système immunitaire est un ensemble complexe de cellules et organe divers interdépendant qui protége le corps. Pour les vertébrés, le système immunitaire est composé de deux couches : le système immunitaire inné qui est assez statique et représente la première ligne de défense et le système immunitaire adaptatif qui est un système en constante évolution dynamique qui réagit et interagit avec l'environnement dans une variété de façons. Le système immunitaire offre des possibilités alléchantes d'un point de vue informatique. Dans les dernières années plusieurs algorithmes s'inspirant des systèmes immunitaires sont apparus, le nom collectif de l'ensemble des ces méthodes est systèmes Immunitaires Artificiels. Les SIAs sont utilisés pour résoudre plusieurs problèmes tels que la robotique, la sécurité des ordinateurs, l'optimisation, l'analyse de données, l'apprentissage artificiel et l'aide au diagnostic médical. C'est dans ces deux dernières catégories que se range notre travail de magister.

Le diagnostic médical est un processus de classification. L'utilisation de l'informatique pour la réalisation de cette classification devient de plus en plus fréquente. Même si la décision de l'expert est le facteur le plus important lors du diagnostic, les systèmes de classification fournissent une aide substantielle, car elles réduisent les erreurs dues à la fatigue et le temps nécessaire pour le diagnostic.

Actuellement, la plupart des hôpitaux modernes sont bien équipés avec des dispositifs de collecte de données. Ces données seront partagées en inter- et intra-systèmes d'information hospitaliers. Ce qui était avant une base de données isolées ou un système d'information de laboratoire est maintenant intégrée dans un système d'information médicale à plus grande échelle (ministères, hôpitaux, ou à base communautaire). L'augmentation du volume de données entraine des difficultés à extraire des informations utiles pour l'aide à la décision. Les méthodes traditionnelles d'analyse de données sont devenues insuffisantes, et les méthodes dites intelligentes sont indispensables [2].

Dans ce mémoire de magister nous nous intéresserons au diagnostic du diabète qui est un dysfonctionnement du système de régulation de la glycémie. Beaucoup de travaux ont été mené afin d'effectuer la classification ou le diagnostic du diabète. Purnami et al. [3], ont obtenu une précision de 93.2 % en utilisant une approche appelé " Smooth SVM " dans le diagnostic du diabète. Dans [4] et [5], les auteurs ont utilisé trois systèmes, un Attribute Weighted Artificial Immune System (AWAIS), AIRS et AIRS flou, avec la méthode 10-fold cross validation, ils ont obtenu respectivement un taux de classification de 75.87 %, 79.22 % et 84.42 %. T.Jayalakshmi et A.Santhakumaran [6], ont utilisé un réseau de neurones pour effectuer la classification de la base PID avec quatre méthodes différentes pour gérer les données manquante de la base. Ils ont obtenu un taux de classification de 68,77 % en remplaçant ces données par des zéros, un taux de 99,93 % en les remplaçant par la moyenne du paramètre et 99,8 % en les remplaçant par la valeur du K-plus proche voisin. M.F. Ganji et M.S. Abadeh [7], ont utilisé l'algorithme de colonies de fourmis avec les systèmes flous pour la classification de PID, ils ont obtenu un taux de classification de 79.48 %.

La méthode appliquée dans ce travail pour la reconnaissance automatique du diabète est une hybridation de deux méthodes. La première méthode est l'AIRS2, une évolution de l'algorithme AIRS (Artificial Immune Recognition System) qui est un algorithme des systèmes immunitaire artificiel à apprentissage supervisé. Cette méthode effectue un apprentissage sur la base de données Pima Indian Diabetes (PID) et donnera comme résultat un ensemble réduit de vecteur de données qui nous permettra d'effectuer la classification par la suite. La deuxième méthode est l'algorithme du k-plus proche voisin flou elle effectue la classification grâce à la nouvelle base de données réduit généré à la fin de l'apprentissage.

Le manuscrit est organisé en trois principaux chapitres en plus de l'introduction générale et la conclusion finale. Le premier chapitre présente un aperçu général sur la maladie du diabète en citant les causes, le diagnostic, les traitements et la prévention. Le deuxième chapitre résume l'essentiel des principes des systèmes immunitaires artificiels (SIAs). Le chapitre commence par un aperçu du système immunitaire naturel (SIN) avec ses différentes théories. En deuxième lieu, le chapitre présente les quatre principaux algorithmes des SIAs. Le troisième chapitre détaille l'approche proposée dans ce travail en commençant par présenter les algorithmes utilisés, AIRS2 et le K-ppv flou. Ensuite, nous présentons la base de données PID utilisée pour évaluer et comparer les approches. Finalement les résultats sont présentés, comparés et interprétés. Le manuscrit est clôturé par une conclusion générale résumant les idées fondamentales que nous a apportées ce travail tout en discutant les pistes de recherche futures ouvertes pour la suite.

Chapitre 1

Présentation du Diabète

1   Introduction

Le diabète est l'une des maladies les plus dangereuses, connu aussi avec le nom de "tueur silencieux". Cette maladie est un problème majeur de santé dans les pays industrialisés et en développement, et son incidence est en augmentation avec plus de 220 millions de personnes diabétiques dans le monde. Il est la quatrième cause de décès. L'augmentation du nombre de diabétique est tellement rapide que l'organisation mondiale de la santé (OMS) l'a identifié comme étant une épidémie. D'après l'OMS, le nombre d'adulte diabétiques atteindra les 300 millions de malades en 2025 (1.1).

Pays	2000	2030
Allemagne	2.626.842	3.770.815
Autriche	238.930	366.120
Belgique	317.342	461.439
Danemark	156.505	2.324.28
Espagne	2.717.401	3.751.632
Finlande	158.580	239.282
France	1.753.243	2.645.444
Grèce	853.246	1.077.022
Irlande	85.787	156.835
Italie	4.252.036	5.373.724
Luxembourg	12.057	21.193
Pays Bas	425.676	719.753
Portugal	662.283	882.428
Royaume Unis	1.804.943	2.665.884
Suisse	291.908	404.414

TABLE 1.1 – Taux de diabétiques en 2000 et les prévisions pour le 2030 [8]

2 Définition

L'organisation mondiale de la Santé définit le diabète comme un trouble du métabolisme d'étiologies multiples, caractérisé par une hyperglycémie chronique avec des troubles du métabolisme des glucides, lipides et de protéines résultant de défauts de sécrétion d'insuline, d'action de l'insuline, ou les deux [9].

La plupart de ce que nous mangeons se décompose en glucose qui sera utilise par nos cellules pour produire de l'énergie. Cependant, le glucose ne peut pas pénétrer les cellules sans la présence de l'insuline, une hormone produite pas le pancréas. après avoir mange, le pancréas secrète automatiquement une quantité suffisante d'insuline pour transporter le glucose présent dans le sang aux cellules et diminuer le taux de sucre dans le sang. Une personne qui a du diabète souffre d'hyperglycémie c'est-a-dire que la quantité de glucose dans le sang est trop élevée. Ceci est du au fait que le corps ne produit pas assez d'insuline, ne produit pas d'insuline ou les cellules ne réagissent pas correctement a l'insuline produite par le pancréas [10].

3 Cause du diabète

La prévalence de cette maladie a été multipliée par cinq en moins de cinquante ans. Cette augmentation progressive est due a divers facteurs : [8]
 – le vieillissement global de la population
 – l'augmentation de l'espérance de vie du diabétique
 – l'augmentation de la fécondité des femmes diabétique
 – l'augmentation de l'obésité
 – l'incrémentation de la consommation des sucres raffines
Ainsi que d'autre facteurs qui peuvent servir comme déclencheur tels que :
 – le sédentarisme
 – les régimes riches en graisse et protéine
 – la consommation réduite de fibre
 – une alimentation déficiente en hydrate de carbone complexe et vitamine E
 – le stress chronique
 – le tabagisme qui peut causer l'apparition de l'insulinoresistance

4 Classification du diabète

Les critères pour le diagnostic et la classification du diabète sucre (diabètes Mellitus) ont été développé par un comité d'expert de l'Association Americaine de diabète (ADA) et par un comité de l'OMS.

La classification du diabète se base principalement sur son étiologie et caractéristique physiopathologique. Le diabète est classe en quatre types :
- diabète type 1 (DM1)
- diabète type 2 (DM2)
- Autre types spécifique de diabète
- diabète gestationnel (DMG).

Fréquemment les personnes souffrant de DM2 finissent par nécessite de l'insuline a une étape de leur vie, d'un autre cote, certains malades de DM1 peuvent progresser lentement ou avoir de longues périodes de rémission sans avoir besoin d'insuline. C'est a cause de ces cas que les termes insulinodépendant et non insulinodépendant ont été élimines [11]

4.1   diabète de type 1

Quand la maladie est diagnostiquée, la sécrétion d'insuline est déficiente mais pas inexistante. La sécrétion d'insuline est insuffisante aussi bien a jeun qu'en réponse au différents stimulus, ceci est une conséquence de l'autodestruction progressive et sélective des cellules Bêta des îlots de Langerhans, ce qui affecte l'utilisation des hydrates de carbone, protéine et graisse.

Puisque un pancréas sain secrété une quantité d'insuline beaucoup plus élevé de ce dont le corps a besoin, des mois ou des années peuvent passer avant que la maladie soit diagnostique. La vitesse a laquelle les cellules se détruisent dépendra de l'age du malade, étant plus rapide pour les bébés et les enfants et plus lente pour les adultes. Une fois le traitement avec insuline établie, l'organisme passera par une période, allant jusqu'à un an, durant laquelle les sécrétions d'insuline se réinitialisent et les besoins exogènes diminuent, sans pour autant abandonner le traitement. après une dizaine d'années, les cellules Bêta seront entièrement détruites, donc toute l'insuline nécessaire devra être administrée par injection [8].

4.2   diabète de type 2

Dans ce type de diabète l'altération métabolique n'est pas aussi intense que pour DM1 et l'évolution de la maladie est progressive. Ce diabète est caractérisé par la résistance ou la faible sensibilité du corps a l'insuline, c'est-a-dire que le taux d'insuline endogène peut se trouver dans les paramètres normaux, mais les tissus sont incapables de l'assimiler et par conséquent le taux de glucose dans le sang augmente [10].

L'insuline agit a niveau cellulaire a travers de certains récepteurs de membrane (Figure 1.1). La liaison insuline-récepteur active un deuxième messager qui induit la synthèse des protéines et l'activation et inhibition des enzymes intracellulaire. Les malades souffrant de diabète de type 2 ont des altérations dans les mécanismes post-récepteurs, ce qui oblige l'organisme a augmenter la sécrétion d'insuline pour compenser et ceci peut conduire a l'épuisement des cellules Bêta. Pour des personnes avec une certaines prédisposition les cellules ne seront pas capable de maintenir un taux de glucose normale, ce qui conduit a l'apparition du diabète. même si les diabétiques de type 2 ne nécessitent pas les injections d'insuline pour survivre, près du 40% des malades finissent par en avoir besoin pour contrôler la glycémie. L'hyperinsulinisme de plus de 80% de diabétique de type 2 est la conséquence de leur obésité (la graisse abdominal est la plus dangereuse) [10].

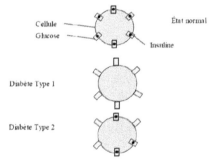

FIGURE 1.1 – Fonctionnement de l'insuline

Le tableau 1.2 présente un résumé sur les deux types de diabète DM1 et DM2 :

Caractéristiques	Diabète type1	Diabète type 2
Age d'apparition	Avant 30 ans	Après 30 ans
Sexe	Prédominante sur les mêlés	Prédominance sur les femmes
Forme d'apparition	brusque	Lente, progressive et insidieuse
Indice de masse corporel	Normal	Augmenté, souvent avec obésité
Réserve pancréatique	Très peu ou nulle	Normal ou augmenté (hyperinsulinisme)
Dépendance de l'insuline	Oui	Non, au moins pendant les premières années
Facteur immunologique	Présent	Absent
Hérédité	Dans quelque cas	Presque toujours
Concordance entre jumeaux	Presque 50 % des cas	Plus de 95 % des cas
Association avec d'autres maladies	Rarement	Souvent
Principal cause de décès	Insuffisance rénale due à une néphropathie diabétique	Infarctus du myocarde

TABLE 1.2 – Comparaison entre DM1 et DM2

4.3 Autres types spécifiques de diabète

Ce groupe est forme par un nombre considérable de pathologie spécifique d'origine divers. Voici quelques types spécifiques de diabète [8] :

- Tolérance abaissée au glucose : représente la situation intermédiaire entre la normalité et le diabète. Habituellement, ces patients ne souffrent pas de complications spécifiques au diabète, mais présentent une association avec des maladies cardiovasculaires et avec une hypertension.
- Des anomalies de tolérance au glucose : elles se produisent après un infarctus, un traumatisme ou pendant la consommation de cortisone, pendant ces situations spécifiques la courbe de glycémie du patient sera altérée mais elle reviendra au paramètre habituel.
- Syndrome X : maladie caractérisée par une insulinorésistance des tissus, une hypertension, obésité...
- diabète associe : Ces pathologies ne correspondent pas au diabète proprement dit, en effet c'est plutôt une intolérance au glucose associe a d'autres maladies. Ils peuvent être classes comme suit :
  - diabète par maladie pancréatique : absence congénitale des îlots pancréatique, diabète transitoire du nouveau ne, hémochromatose...

9

– diabète en relation avec des hormones de contre-régulation : acromegalie, syndrome de Cushing, phéochromocytome, glucagonome.

– diabète cause par des anomalies dans les récepteurs d'insuline.

– diabète associe a des syndromes génétiques : glycogenose de type I, la porphyrie aiguë intermittente, maladies neuromusculaires héréditaires ...

4.4   diabète gestationnel

Pendant la grossesse, surtout pendant le troisième trimestre, une incrémentation des besoins insuliniques se produit. A peu près 4 % des femmes subiront des altérations durant leur grossesse (ce groupe n'inclus pas les femmes diabétique enceinte). Ce type d'intolérance disparaît souvent a la fin de la grossesse, mais il est important de diagnostiquer ce diabète car les patientes peuvent expérimenter une augmentation du risque de mortalité fœtale si elles ne sont pas traitées correctement, et parce que 40 % des patientes développent un diabète de type 2 dans les 10 ans postérieurs. Ce diabète est diagnostique a l'aide du test O'Sullivan ou une courbe de glycémie. La courbe est obligatoire dans les cas suivant [8] :

– Des antécédents familiaux de diabète ;

– Obésité ;

– Antécédent obstétrique pathologique tels que macrosomie, prématurité, mort-nés, des avortements ;

– Age supérieur a 35 ans.

4.5   Étapes de développement

Le DM est un processus d'étiologies varie qui partage des manifestations cliniques communes. La possibilité d'identifier a quelle étape du DM se trouve le patient, permet de facilite les stratégies de traitement. Ces étapes sont [11] :

1. Normoglycémie : quand les nivaux de glycémie sont normaux mais les processus physiopathologiques qui conduisent a l'apparition du diabète ont commence et même peuvent être reconnus dans quelque cas.

2. Hyperglycémie : quand les nivaux de glycémie repassent la limite normale. Cette étape est subdivisée en :

   –]Régulation altéré du glucose : inclus la glycémie a jeun altéré et l'intolérance au glucose

   – diabète Mellitus subdivise en :

     – DM non insulinorequerant.

     – DM insulinorequerant pour le contrôle métabolique.

     – DM insulinorequerant pour la survie.

Une fois l'étape identifiée, le patient peut ou non progresse a l'étape suivante ou encore revenir a l'antérieure. Pour le moment, il n'existe pas de marqueurs spécifiques et sensibles pour la detection du DM2 et DMG pendant l'étape de la normoglycémie. La détection du DM1 a cette étape est basée sur la combinaison d'analyses génétiques et immunologiques qui sont encore restreint au niveau d'investigation clinique. Les étapes de l'hyperglycémie se basent sur l'appréciation clinique, même s'il existe quelques indicateurs de la dégradation des cellules Bêta tel que l'absence de réponse du peptide de connexion (peptide C) a différents stimulus.

Étape \ Type	Normoglycémie	Hyperglycémie			
	Régulation normal du glucose	Tolérance Abaissée Au Glucose (IGT) ou Hypergly-cémie A Jeun (IFG)	Diabète Sucré		
			Non insulinoréquérant	Insulinoréquérant pour le contrôle	Insulinoréquérant pour la survie
Type 1	←――――――――――――――――――――――→				
Type 2	←――――――――――――――→ - - - - - -→				
Autre types spécifique	←――――――――――――――→ - - - - - -→				
Diabètes Gestationnel	←――――――――――――――→ - - - - - -→				

TABLE 1.3 – Testes de glycémie

Exemple d'utilisation du tableau 1.3 :
Un adulte obèse dont le diabète a été diagnostique a l'age de 35 ans et qui a été traite au début avec un régime et des anti-diabétiques oraux mais actuellement il a perdu du poids et nécessite de l'insuline pour obtenir un niveau de glycémie adéquat, il doit être classe

comme un DM2 dans l'étape insulinorequerante pour le contrôle.

Un jeune de 22 ans avec un diabète de 2 ans d'évolution, qui n'a jamais été obèse et qui souffre actuellement de glycémie inadéquate malgré les doses élevées de sulfonique mais qui ne présente pas de cytose, peut être classe comme un DM1 de progression lente en étape insulinorequerante pour contrôle. Mais pour avoir la certitude que c'est un DM1 il faut mesurer les anticorps.

4.6 Diagnostic

Durant plusieurs années, le taux de glucose dans le sang pour diagnostiquer un diabète été assez élevé mais en 1997 le niveau standard pour un taux de glucose normal fut réduit car beaucoup de personnes souffraient des complications dues au diabète même s'ils n'étaient pas diabétique selon les standards. En 2003, le standard fut a nouveau modifie (1.4). Après beaucoup de débats, l'ADA publia le nouveau standard pour le diagnostic, en se basant sur les critères suivants [12] :

- Glycémie plasmatique occasionnelle (GPO) : c'est le niveau de glucose quand le patient a mange normalement avant les analyses. Elle doit être . 200 mg/dl et accompagner de symptômes classiques du diabète.
- glycémie plasmatique a jeun (GPJ) : c'est le niveau de glucose quand le patient n'a rien consomme durant les huit heures avant les analyses. Elle doit être . 126 mg/dl.
- Hyperglycémie provoquée par voie orale (HGPO) : l'analyse est réalise deux heures après avoir ingérer 75g de glucose par voie oral. Elle doit être . 200 mg/dl.

Il est préconise d'obtenir deux mesures consécutives du même test permettant de confirmer le diagnostic de diabète.

	Normal	Pré-diabète	diabète
glycémie plasmatique occasionnelle			. 200 mg/dl+ symptômes
glycémie plasmatique a jeun	< 100 mg/dl	. 100 mg/dl et < 126 mg/dl	. 126 mg/dl
HGPO	< 140 mg/dl	.140 mg/dl et < 200 mg/dl	. 200 mg/dl

TABLE 1.4 – Testes de glycémie

5 Traitement

Le contrôle strict du taux de sucre dans le sang est le principe fondamental du traitement du diabète. Le traitement de référence pour le diabète est constitue d'un ensemble de mesures diététiques et d'hygiène de vie, des anti-diabétiques oraux et parfois des injections d'insuline.

5.1   Traitement non pharmacologique du DM2

Le traitement non pharmacologique et en particulier la réduction du poids pour le patient obèse, est le seul traitement intégral capable de contrôler simultanément la plupart
des problèmes métaboliques du patient atteint de diabète de type 2, ainsi que l'hyperglycémie, la résistance a l'insuline, l'hypertriglyceridemie et l'hypertension artériel. Il est
possible d'obtenir des changements significatifs avec une réduction du 5 a 10 % du poids,
et par conséquent ceci doit être l'un des premiers objectifs du traitement du diabétique
obèse. Le traitement non pharmacologique comprend trois aspects de base :

- Un plan d'alimentation : il doit être personnalise et adapte aux conditions de vie
  du patient. Le patient doit recevoir des instructions diététiques en fonction de son
  age, sexe, état métabolique, activité physique, maladie intercurrent et situation éco-
  nomique. Il est recommande de consommer des aliments riches en fibres solubles qui
  améliorent le contrôle glycémique et réduisent l'hyperinsulinemie et les taux de lipides.
- Faire du sport et adopter une activité physique régulière : marche, natation
- Hygiène de vie : arrêter de fumer et diminuer l'alcool.

5.2   Traitement avec des anti-diabétiques oraux

Si l'exercice et le régime ne sont pas suffisants pour contrôler le niveau de glucose, le
médecin peut juger nécessaire l'utilisation des anti-diabétiques. Il existe plusieurs classes
de médicaments anti-diabétiques oraux, parmi lesquelles se trouvent : [11]

5.2.1   Sulfonylurée ou sulfamides hypoglycemiants

Leur principale fonction est d'augmenter la sécrétion d'insuline par le pancréas donc ils
ne sont pas efficaces pour le diabète de type 1. Les sulfonylurées de dernière génération
comme le glimepiride et le gliclazide ont aussi des effets favorables sur le système cardio-
vasculaire, la fonction endothéliale et les cellules Bêta. Son principal effet secondaire est
l'hypoglycémie qui est moins fréquente avec les médicaments de dernière génération et en
particulier avec celle d'action prolongée qui sont administres une fois par jour. Parfois ils
peuvent produire des réactions cutanées, hématologiques ou hépatiques. Ce médicament
est contre-indique pour les femmes enceintes ou allai-tantes, ainsi que pour les patients
souffrant d'insuffisance rénale.

5.2.2   Les méglitinides

De même que les sulfonylurée ils stimulent la sécrétion d'insuline. Leur principal effet
secondaire est l'hypoglycémie mais elle se produit moins souvent que pour les sulfonylurées
car les meglitinides ont une durée d'action plus courte. Ce médicament est contre-indique
pour les patients souffrant d'insuffisance rénale ou hépatique.

5.2.3 Biguanides, Glucophage, Diabamyl, Metformine ou Stagid

Ce médicament réduit le niveau de glucose dans le sang en diminuant la production de glucose par le foie. Il peut aussi incrémenter la sensibilité des cellules musculaires a l'insuline et retarder l'absorption du glucose par l'intestin. Ce traitement est efficace pour les diabètes de type 1 et 2 car il ne dépend pas de l'insuline pour fonctionner. Il peut produire une intolérance gastro-intestinale. Il est contre-indique pour les patients souffrant d'insuffisance rénale ou hépatique et pour les alcooliques.

5.2.4 Les thiazolidinediones ou glitazones

Ce fut le premier agent oral pour le DM2 qui réussi a inverser réellement la résistance a l'insuline. Ceci en produisant des changements dans les cellules musculaires et adipeuses ou réside la résistance a l'insuline. Ces changements surviennent après plusieurs semaines. Son principal effet secondaire est l'œdème (en particulier en combinaison avec l'insuline) et le gain de poids. La troglitazone fut retirée du marche a cause de sa toxicité hépatique et même si les autres glitazones, la rosiglitazone et la pioglitazone, n'ont pas eu ce problème, ce traitement est contre-indique pour les patients souffrant d'insuffisance cardiaque.

5.2.5 Les inhibiteurs des alpha-glucosidases

Ces médicaments diminuent l'absorption des sucres de l'intestin vers le sang (sucres absorbes au cours des repas) : ils diminuent donc la glycémie après les repas. Leurs principaux effets secondaires sont des problèmes digestifs, des ballonnements et des gaz intestinaux parfois abondants.

5.3 Insulinothérapie

Au début l'insuline ne pouvait s'obtenir qu'a partir des pancréas d'animaux. Ce qui provoquait des réactions immunologiques. En 1978, des chercheurs ont réussi a modifier une bactérie appelé E coli pour qu'elle produise de l'insuline humaine. Dans le corps humain, l'insuline répond constamment aux niveaux de glucose dans le sang. Actuellement, il n'existe pas de dispositif capable de mesurer le glucose dans le sang et d'approvisionner l'insuline comme le fait naturellement le pancréas. Afin d'éviter plusieurs injections par jour, plusieurs types d'insuline furent développes qui dépendent essentiellement de leur rapidité de passage dans la circulation sanguine [13] :

– Les insulines ultra-rapides : agissent entre 2 et 4h et sont injectées juste avant les repas. Elles permettent de faire entrer les sucres apportes par le repas dans les cellules. Ces insulines sont des insulines humaines légèrement modifiées afin de raccourcir la durée d'action et ainsi se rapprocher de l'action normale de l'insuline pendant un repas chez une personne non diabétique.

– Les insulines rapides : agissent entre 4 et 6h et sont injectées une quinzaine de minutes avant un repas. Elles permettent également de faire entrer les sucres apportes par le repas dans les cellules. Ces insulines sont des insulines humaines non modifiées.

– Les insulines intermédiaires : agissent entre 10 et 16h. Elles peuvent avoir des actions différentes : elles agissent soit de façon prolongée et équilibrée pendant toute leur durée d'action, soit de façon plus importante pendant les 6 premières heures que pendant les heures suivantes.

– Les insulines lentes : agissent entre 20 et 24h. Ces insulines permettent de couvrir les besoins du métabolisme durant toute la journée. Ce sont des insulines qui ont été modifiées afin d'allonger leur durée d'action et/ou une libération prolongée pour s'approcher au maximum d'une sécrétion basale la plus constante possible.

Il existe également des mélanges tout prêt d'insuline a la fois rapide (ou ultra-rapide) et intermédiaire (ou lente) pour ne faire qu'une injection au lieu de deux.

6 Complications

Le diabète sucre peut présenter des symptômes caractéristiques comme la soif, la poly-urie, une vision floue, et la perte de poids. Dans ses formes les plus graves, une acidocetose ou un état hyperosmolaire non cetosique peut se développer et conduire a la stupeur, le coma et, en l'absence de traitement efficace, la mort.

Les effets a long terme du diabète sucre comprennent le développement progressif des complications specifiques de la rétinopathie et potentiellement de cécité, la néphropa-thie qui peut entraîner une insuffisance renale, et \ ou de neuropathie avec des risques d'ulcères du pied, amputation, articulations de Charcot, et les caractéristiques de dysfonc-tionnement d'autonomie. Les personnes diabétiques courent un risque accru de maladie cardio-vasculaires, cerebrovasculaires et vasculaires périphériques [9].

7 Prévention

La prévention du diabète et ces complications implique adopter un ensemble d'actions afin d'éviter son apparition ou progression. Cette prévention peut être réalisée en trois niveaux [11] :

7.1 Prévention primaire

Elle a comme objectifs d'éviter la maladie. Dans la pratique c'est toute activité qui a lieu avant l'apparition de la maladie dans le but d'éviter son apparition. Deux stratégies d'intervention primaire sont proposées :

– Dans la population en général pour éviter et contrôler l'établissement du syndrome métabolique comme facteur de risque aussi bien du diabète que des maladies cardio-

vasculaires, plusieurs facteurs de risque sont potentiellement modifiable tels que l'obésité, le sédentarisme, la dyslipidemie, l'hypertension artérielle, le tabagisme et la nutrition.

- Dans la population qui a un haut risque d'apparition du diabète, les actions suivantes
sont proposées afin d'éviter la maladie : une éducation sanitaire principalement a
travers de brochures, magazines, bulletins, etc. Prévention et traitement de l'obésité
en promouvant la consommation des régimes a faible teneur en matières grasses,
de sucres raffines et riche en fibres. Faire attention a l'indication des médicaments
diabètogènes tels que les corticoïdes et enfin la stimulation de l'activité physique.

7.2   Prévention secondaire

Elle permet principalement d'éviter les complications, en mettant l'accent sur la détec-
tion précoce du diabète comme stratégie de prévention. A ce niveau les objectifs sont :
- Chercher la remise, si c'est possible.
- Prévenir l'apparition de complications aiguës et chroniques.
- Ralentir la progression de la maladie.
- Les actions sont basées sur le contrôle métabolique optimal du diabète.

7.3   Prévention tertiaire

Elle vise a éviter l'invalidité fonctionnelle et sociale et la réhabilitation des patients
handicapes. Ses objectifs sont :
- Arrêter ou ralentir la progression des complications chroniques de la maladie.
- Prévenir l'invalidité du patient cause par des complications en phase terminale comme
l'insuffisance rénale, la cécité, l'amputation, et ainsi de suite.
- Prévenir la mortalité précoce. Ces actions nécessitent la participation de profession-
nels spécialisés dans les différentes complications du diabète.

8   Facteurs de risque

Plusieurs études ont tente de découvrir les causes de cette maladie, parmi les variables
qui peuvent influence l'apparition du diabète se trouve :
- Age : la prévalence augmente avec l'age, pour les moins de 20 ans la possibilité d'avoir
un diabète est de 0.16 %, entre 20 et 65 ans est de 8.2 % et a partir de 65 ans le
risque augmente jusqu'à 20 %.
- Génétique : les enfants de mère diabétique ont plus de possibilité de développer un
diabète.
- Nutrition : la possibilité d'avoir un diabète de type 2 augmente avec l'obésité. La
graisse abdominale est la plus dangereuse.

- Manque d'exercice : pour le diabète de type 2 le sédentarisme induit l'apparition de l'insulinoresistance.
- Infections : pour le diabète de type 1, l'incidence augmente en hiver et printemps, ce qui conduit a penser que cette maladie pourrait être lie a certain virus.
- Race : le DM1 est plus répandu entre des personnes de race blanche. Pour le DM2 le type de régime alimentaire pourrait exacerber certains hyperinsulinisme génétiquement conditionne.
- Niveau socio-économique : plus le niveau est bas, plus le risque d'avoir un DM2 et de souffrir des complications augmente, puisque il y'a une tendance a suivre un régime déséquilibre et consommer des aliments hautement énergétiques, ce qui favorise les altérations métaboliques.

9 Conclusion

Nous avons vu dans ce chapitre les types de diabète, les différents traitements et testes ainsi que les complications du a cette maladie. Même s'il existe des méthodes de prévention qui permettent de réduire le risque d'avoir le diabète, parfois il impossible de l'éviter comme pour le diabète de type 1. Dans ces cas la, la seule solution est de pouvoir le diagnostiquer très tôt et faire tout son possible pour combattre les complications. Dans ce travail nous présentons un classifieur base sur les systèmes immunitaire artificiel et les k-plus proche voisins flou pour la reconnaissance du diabète.

Chapitre 2

Systèmes Immunitaires Artificiels

1   Introduction

Il existe de nombreux problèmes complexes qui ne peuvent pas être résolu par un algorithme dans un temps polynomial. A partir de 1980, des méthodes nommées métaheuristiques ont commence a apparaitre pour résoudre au mieux les problèmes complexes. La création des métaheuristiques s'est inspire de divers domaines tel que la biologie ou l'ethologie (étude du comportement des animaux). Parmi ces métaheuristiques nous pouvons citer par exemple : les algorithmes génétiques qui s'inspirent des théories de l'évolution, les algorithmes de colonie de fourmis qui s'inspirent du phénomène de suivi de piste chez les fourmis ou les systèmes immunitaire artificiel qui se basent sur le fonctionnement du système immunitaire naturel. Les systèmes immunitaires artificiels essaient de reproduire des caractéristiques intéressantes du système immunitaire naturel tel que la capacité d'adaptation, la mémorisation, la reconnaissance de formes et l'apprentissage.

2   Système immunitaire naturel

Le système immunitaire est responsable de la protection du corps contre les agressions d'organismes extérieurs qui présente un danger, ces entités sont appelée antigène. Le Système immunitaire se compose de différents types de cellules qui se déplacent dans l'organisme et dont chaque catégorie a un rôle spécifique. Pour être effectif, le Système immunitaire doit être capable de distinguer entre le soi (toute molécule appartenant au corps) et le non-soi (les antigènes) donc il doit répondre uniquement aux entités étrangères. La discrimination du soi et non-soi est une caractéristique essentielle du Système immunitaire car une réponse inapproprié contre les molécules du corps peut être fatal (les maladies auto-immune).

2.1 Éléments du Système immunitaire

Le Système immunitaire est un Système complexe compose de plusieurs éléments. Il est possible de classer ses éléments en deux classes : les organes, les cellules.

2.1.1 Les organes du Système immunitaire :

Les organes du Système immunitaire (Figure 2.1) sont nombreux et peuvent être divise en deux classes :
- Les organes lymphoides primaires : ils constituent le site de développement et de maturation des cellules : [14]
  - Moelle osseuse : Lieu de développement des cellules progénitrice lymphoide qui après leur croissance se diviseront pour former les cellules précurseurs des lymphocytes B et T. Les cellules précurseurs des lymphocytes T quittent la moelle osseuse pour le thymus mais celles des lymphocytes B restent dans la moelle osseuse ou elles continuent leur maturation.
  - Thymus : Dans le bas du cou, constitue le site de maturation des lymphocytes T, Mais la plupart d'entre eux meurent sur place, seul 5 % quittent le thymus.
  - Vaisseaux lymphatiques : Transportent la lymphe, les vaisseaux lymphatiques sont situes dans tout le corps.
- Les organes lymphoides secondaires : ils constituent le lieu d'interaction entre l'antigène et le lymphocyte [14] :
  - Les amygdales.
  - Les ganglions lymphatiques.

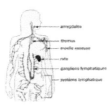

FIGURE 2.1 – Organes du système immunitaire

2.1.2 Les cellules du Système immunitaire

Les globules blancs aussi appelées leucocytes qui se trouvent dans le sang, la lymphe et les organes lymphoides sont les cellules responsable de protéger le corps des organismes étrangers. Il existe différents types de leucocytes dont les lymphocytes B et T.

2.1.2.1 Les lymphocytes B : la fonction principale des lymphocytes B (Figure 2.2) est de produire des protéines appelé anticorps qui se fixent sur les protéines étrangères des antigènes. La partie de l'anticorps responsable de la reconnaissance de l'antigène est appelée paratope. Le paratope se lie a une partie spécifique de l'antigène appelée épitope. La liaison entre un paratope et un épitope est d'autant plus forte que leurs formes sont complémentaires. La force de cette liaison est appelée affinité. Les cellules B qui vont mieux reconnaitre l'antigène vont proliférer en se clonant. Les lymphocytes B ont également la capacité de se comporter en cellule présentant le corps étranger (cellule mémoire).

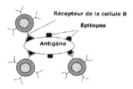

FIGURE 2.2 – Organes du système immunitaire

2.1.2.2 Les lymphocytes T : Il existe plusieurs types de lymphocytes T : [15]
- Les lymphocytes T cytotoxiques qui, lorsqu'elles sont activées, détruisent directement les cellules infectées par des virus et les cellules tumorales.
- Les lymphocytes T auxiliaires, qui se chargent de la coordination d'autres aspects de la réponse immunitaire c'est-a-dire elles déclenchent l'expansion clonale et stimulent ou suppriment la formation d'anticorps.
- Les lymphocytes T suppresseurs sont des régulateurs de l'immunité et luttent contre les réactions auto-immunes.

2.2 Immunité inné et acquise

La réponse immunitaire utilise deux types de mécanismes :

2.2.1 L'immunité innée (naturelle non spécifique ou naïve)

Elle est présente des la naissance, elle est constituée de la barrière anatomique (la peau et le Système respiratoire), les conditions physiologiques telles que le pH, la température ainsi que les cellules tueuses naturelles NK (natural Killer) et les cellules phagocytaires (Figure 2.3). L'immunité innée permet de [16] [17] :
- Agir sans tenir compte du type de l'entité qu'elle combat, elle possède une perception intrinsèque de ce qui est microbien, ou hostile.
- Effectuer une distinction globale du soi et du non-soi.

– Agir d'une maniéré immédiate est non adaptative.

– Initialiser et de régulariser la réponse immunitaire adaptative. Ce Système ne peut pas assurer la protection complète du corps.

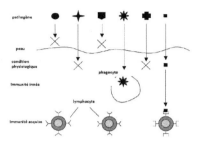

FIGURE 2.3 – La structure multicouche du Système immunitaire.

2.2.2 L'immunité acquise (spécifique)

Elle se base sur la reconnaissance de l'entité a combattre et la mémorisation de cet événement. Lors de la réponse immunitaire spécifique, interviennent les lymphocytes, un type de globules blancs, qui s'adaptent rapidement afin de combattre les antigènes qui se trouve dans le corps. Les lymphocytes ont une plus grande capacité de mémoire que les phagocytes responsables de la réponse immunitaire innée.

Quand un lymphocyte entre dans la circulation sanguine pour la première fois, il porte un récepteur d'antigène spécifique, cette spécificité a été déterminée par un mécanisme spécial de réorganisation de gènes capables de générer des millions de récepteurs différents qui intervient lors du développement des lymphocytes dans la moelle osseuse et le thymus. C'est ainsi que chaque lymphocyte porte un récepteur différents des autres [16] [17] :

– Le Système immunitaire spécifique protégé le corps des organismes étrangers qui n'ont pas été détectes par le Système immunitaire inné.

– Le Système immunitaire spécifique est adresse a des intrus spécifiques.

– Le Système immunitaire spécifique possède une mémoire immunologique qui permet aux cellules de se souvenir des intrus deja rencontres. Ainsi lors de la première intrusion d'un antigène la réponse immunologique est lente et difficile, cependant elle permet de mémoriser l'antigène grâce a ses marqueurs (épitopes). Donc si le même antigène pénètre une seconde fois le corps, la réponse sera plus rapide et bien spécifique avec une production d'anticorps particuliers pour cet antigène.

22

2.3 Fonctionnement du Système immunitaire

Le corps est protégé par un ensemble de cellules et molécules qui coopèrent et dont la cible est l'antigène, une molécule étrangère provenant d'une bactérie, un virus ou tout autre envahisseur.

On peut voir dans la figure 2.4 un schéma simplifie de la réponse immunitaire [15] :

I. Des cellules spécialisées appelées cellules présentatrices d'antigène (APC), tel que les macrophages, parcourent le corps, en ingérant et digérant des antigènes qu'ils trouvent et les fragmentant en peptides antigèniques.

II. Des fragments de ces peptides sont joints au complexe majeur d'histocompatibilite (MHC : major histocompatibility complex) et sont affichées sur la surface de la cellule.

III. Les cellules T, possèdent des récepteurs qui permettent a chacun d'entre eux de reconnaitre une combinaison différentes de peptide-MHC.

IV. Les cellules T actives par la reconnaissance, se divisent et secrètent des lymphokines 1ou des signaux chimiques, qui mobilisent d'autres composantes du Système immunitaire.

V. Les lymphocytes B, qui ont également des récepteurs d'une seule spécificité sur leur surface, répondent a ces signaux. Contrairement aux récepteurs des cellules T, toutefois, celles des cellules B peuvent reconnaitre les pièces d'antigènes libres, sans les molécules MHC.

VI. Lorsqu'elles sont activées, les cellules B se divisent et se différencient en cellules plasma qui secrètent des anticorps, qui sont la forme soluble de leurs récepteurs.

VII. En se liant a des antigènes qu'ils trouvent, les anticorps peuvent les neutraliser ou précipiter leur destruction.

VIII. Certains lymphocytes T et B deviennent des cellules mémoires qui persistent dans la circulation, elles permettent une réponse immunitaire plus rapide du même antigène dans de prochaine exposition. Parce que les gènes d'anticorps dans les cellules B sont souvent victimes de mutation, la réponse immunitaire s'améliore après immunisations répétées, ce phénomène est appelé la maturation d'affinité (Figure 2.5).

2.4 Propriétés du Système immunitaire

Le Système immunitaire est une source d'inspiration pour les modèles intelligents. Avec des propriétés très importantes, il devient une référence précieuse. Beaucoup de travaux de recherches ont vu le jour en s'inspirant du fonctionnement de ce dernier, voici quelques unes des propriétés les plus importantes du Système immunitaire [18] :

Identification : le Système immunitaire possède la capacité d'identifier et répondre a un nombre vaste de patterns différents. En plus le Système immunitaire est capable

23

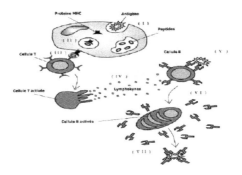

FIGURE 2.4 – Déroulement de la réponse immunitaire.

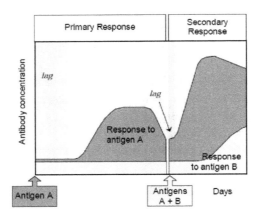

FIGURE 2.5 – Réponses immunitaire primaire et secondaire.

de faire la différence entre une cellule du soi dysfonctionnelle et une cellule non-soi nuisible.

Extraction des caractéristiques : Grâce a l'utilisation de cellules présentatrices d'antigènes (APC) le Système immunitaire a la capacité d'extraire des caractéristiques de l'antigène en filtrant le bruit moléculaire des antigènes, avant d'être présenté a d'autres cellules immunitaires, y compris les lymphocytes.

Diversité : il existe deux processus principaux dans la génération et la maintenance de la diversité du Système immunitaire. Le premier est la génération des anticorps, en effet a partir d'un nombre fini de gène le Système immunitaire est capable de générer un ensemble infini de d'anticorps. Le deuxième processus est connu sous le nom de hypermutation somatique. Les cellules immunitaires se reproduisent en réponse a des antigènes envahisseurs. Pendant la reproduction, ils sont soumis a un processus de mutation somatique avec des taux élevés qui permettent la création de nouveaux profils de récepteurs de molécules, augmentant ainsi la diversité des récepteurs immunitaires.

Apprentissage : Le mécanisme d'hypermutation somatique suivie par une forte pression sélective permet au Système immunitaire d'affiner sa réponse a un pathogène envahisseur ; un processus appelé la maturation d'affinité. La maturation d'affinité garantie que le Système immunitaire améliore sa capacité de reconnaissance de formes. La théorie des réseaux immunitaires est un autre exemple puissant de l'apprentissage dans le Système immunitaire.

Mémoire : après une réponse immunitaire a un antigène donne, l'espérance de vie d'un certains nombre de cellules est augmente afin de fournir dans de futures infections par les antigènes identiques ou similaires des réponses immunitaires plus rapidement et puissantes. Ce processus, connu sous le nom de la maturation de la réponse immunitaire, permet la maintenance de ces cellules qui ont réussi a reconnaitre les antigènes. C'est le grand principe derrière les procédures de vaccination en médecine et en immunothérapie. Un échantillon affaibli ou mort d'un antigène (par exemple, un virus) est inocule dans un individu de manière a favoriser une réponse immunitaire (sans symptômes de la maladie) afin de générer des cellules de mémoire et des molécules a cet antigène.

Détection distribue : Il n'y a aucun point de contrôle global au sein du Système immunitaire ; chaque cellule immunitaire est spécifiquement stimulée et répond a de nouveaux antigènes qui peuvent envahir l'organisme dans n'importe quel endroit.

L'autorégulation : la dynamique des Systèmes immunitaires, sont telles que la population du Système immunitaire est contrôlée par des interactions locales et non par un point de contrôle central. après que le Système immunitaire combat une maladie avec succès, il revient a son état d'équilibre normal, jusqu'à ce qu'il soit nécessaire en réponse a un autre antigène.

Metadynamique : Le Système immunitaire crée constamment de nouvelles cellules et des molécules, et en éliminant ceux qui sont trop vieux ou ne sont pas d'une grande utilité.

Réseau immunitaire : En 1974, N. Jerne a propose la théorie des réseaux immunitaires comme une alternative pour expliquer comment fonctionne le Système immunitaire. Il a suggéré que le Système immunitaire est un Système dynamique dont les cellules et les molécules sont capables de se reconnaitre les uns les autres, formant ainsi un réseau interne de communication au sein de l'organisme.

2.5 détection du soi et non-soi

Pour que le Système immunitaire fonctionne correctement, il faut qu'il soit capable de faire la différence entre les cellules du soi et les cellules nuisibles (non-soi) qui sont a priori impossibles a distinguer, cette capacité est appelée la tolérance de soi. Si le Système immunitaire n'est pas capable d'effectuer cette distinction, alors une réponse immunitaire sera déclenchée contre les antigènes du soi, provoquant des maladies auto-immunes. Pour palier a ce genre de problème, le Système immunitaire soumet les lymphocytes a deux types de sélection :

2.5.1 sélection positive

Lors de la création des lymphocytes un mécanisme spécial de réorganisation de gènes généré des millions de récepteurs différents (TCR) capable de reconnaitre des centaines de molécules du CMH présents dans la population humaine. Cependant ce n'est qu'un nombre restreint de lymphocytes T qui possèdent des récepteurs pouvant interagir avec les molécules du CMH d'un individu et sont capables de répondre aux antigènes présentes par ces mêmes molécules du CMH. Donc la sélection positive permet a cette population de lymphocytes T d'arriver a maturation laissant la plupart des autres cellules mourir par apoptose.

2.5.2 sélection négative

Après la production des cellules T naïves dans la moelle osseuse, elles migrent vers le thymus ou elles subiront un processus appelé sélection négative (Figure 2.6). Ce processus permettra d'éliminer les cellules T capable de reconnaitre un antigène du soi et ceci grâce a la barrière qui évite que tout antigène du non-soi accède a l'environnement du thymus [19].

Malgré tout, la sélection négative n'est pas parfaite et certaines cellules T arrivent a passer. Ces cellules pourraient causer des lésions, mais pour qu'un lymphocyte T soit active, il a besoin de recevoir d'autres signaux que ceux de la liaison avec les complexes peptide-CMH2, ces cellules ne réussissent pas a s'activer [15].

La tolerance du soi pour les cellules T n'est pas suffisante pour assurer la protection de l'organisme et c'est pour ça que la sélection négative est aussi appliquée sur les cellules B dans la moelle osseuse, quand les cellules B immatures identifient les cellules du soi, elles seront eliminees [15].

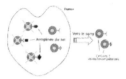

FIGURE 2.6 – Sélection négative dans le thymus

2.6 Théorie de la sélection clonale

Quand le corps est expose a un antigène, les lymphocytes B produisent les anticorps. Chaque lymphocyte secrète un seule type d'anticorps, qui est relativement spécifique a l'antigène. Quand l'anticorps s'associe a l'antigène a l'aide des récepteurs (epitopes-paratopes) et reçois un signal des cellules telles que les T auxiliaires, les cellules B sont stimulées a proliférer (division cellulaire) et murir vers des cellules terminales (non divisibles) sécrétrices d'anticorps appelés cellules plasma. Le processus de division cellulaire (mitose) généré des clones c'est-a-dire une ou un ensemble de cellules qui sont la progéniture d'une seule cellule. D'autre part, les cellules T jouent un rôle central dans la régulation de la réponse des lymphocytes B et sont par excellence dans les réponses immunitaires a médiation cellulaire [20].

En plus de la prolifération, les lymphocytes subissent un second processus qui permettra de sélectionner parmi les nouvelles cellules celles présentant une grande affinité afin d'en faire des cellules B mémoires (Figure 2.7). Les cellules mémoires circulent dans le sang, la lymphe et les tissus, et lorsqu'elles sont exposées a un stimulus antigénique pour la seconde fois elles commencent à se différencier en lymphocytes capables de produire des anticorps de haute affinité, présélectionner pour l'antigène spécifique qui a stimule la réponse primaire [20]. Les principales caractéristiques de la théorie de la sélection clonale sont les suivantes :

- La prolifération et différenciation des cellules après avoir été stimule par des antigènes ;
- La création de nouveaux changements génétiques aléatoires, représentant des profils d'anticorps différents, par une forme de mutation somatique accélérée (ce processus

27

est appelé la maturation d'affinité) ;

– L'élimination des nouveaux lymphocytes qui portent des récepteurs de faible affinité antigènique.

FIGURE 2.7 – Processus de sélection clonale.

2.7 Théorie des réseaux immunitaires ou idiotypiques

La théorie des réseaux immunitaires a été proposée dans le milieu des années soixante-dix par Jerne 1974 [21]. L'hypothèse était que le Système immunitaire disposait d'un réseau idiotypique de cellules B interconnecter pour la reconnaissance de l'antigène. Ces cellules se stimulent et se suppriment les unes aux autres de manière a conduire a la stabilisation du réseau. Deux cellules B sont reliées si les affinités qu'ils partagent dépassent un certain seuil, et la force de la connexion est directement proportionnelle a l'affinité qu'ils partagent [22].

Ce réseau de cellules B est du a la capacité des paratopes, situe sur les cellules B, de se lier aux idiotopes d'autres B-cellules (Figure 2.8). La liaison entre idiotopes et paratopes a pour effet de stimuler les cellules B. Ceci est due au fait que les paratopes sur les cellules B réagissent aux idiotopes des cellules B similaires, car il serait pris pour un antigène. Cependant, pour contrer la réaction, il y a une certaine quantité de suppression entre les cellules B qui agit comme un mécanisme de régulation [22].

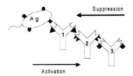

FIGURE 2.8 – Représentations du réseau idiotypique.

Un antigène (A) stimule la production d'anticorps de la classe 1, qui stimulent la production d'anticorps de la classe 2, et ainsi de suite.

2.8 L'aspect cognitif du SIN

En psychologie, le terme "cognitif " fait référence aux fonctions complexe du cerveau y compris la reconnaissance d'objets, la reconnaissance de soi et l'intention. En immunologie il met en évidence l'hypothèse selon laquelle le Système immunitaire saurait ce qu'il recherche lorsqu'il est confronte a un antigène. Au cours des dernières années, de nombreux auteurs ont préconise que le Système immunitaire agit comme un dispositif cognitif tels que le Système nerveux [20].

En 1989, Coutinho dans son article "Beyond Clonal sélection and Network" [23] a fait valoir que nous devons passer d'une unité d'immunologie moléculaire et cellulaire vers une immunologie systémique, ainsi les principales propriétés du Système, comme la tolérance et la discrimination du soi/non-soi ne peuvent pas être réduites a des composants isoles. Il a propose que les propriétés essentielles du réseau immunitaire, comme la structure (connectivité) et la dynamique, ainsi que la théorie de la sélection clonale, constituent un cadre solide pour l'étude de certains aspects cognitifs du Système immunitaire. La mémoire est une propriété clonale (au moins dans le contexte des réponses secondaires) et il a déclaré que la reconnaissance (directement liée a la mémoire) est peut-être la propriété immunitaire qui implique plus fortement la cognition.

En 1988, Varela, Coutinho, Dupire, Vaz dans "Cognitive Networks : Immune, Neural and Otherwise" ont souligne qu'une fois que le Système immunitaire est capable de reconnaitre des formes moléculaires, de se souvenir de l'historique de rencontre d'un organisme individuel, de définir les limites d'une moléculaire du soi, et de faire des inférences sur les espèces moléculaires susceptibles d'être rencontrées, il peut être considéré comme un Système cognitif.

En 1994, Blalock dans "The Immune System Our Sixth Sense", en se basant sur un point de vue conceptuel différents, a suggéré que le Système immunitaire peut être considéré comme sensible, comme le Système nerveux, mais la cognition est seulement attribuée a des stimuli physiques, émotionnel ou chimique, etc. Il a été souligne que le Système immunitaire détecte les stimuli qui ne sont pas reconnus par le Système nerveux central et périphérique, ce qui fait qu'il devrait être nomme sensoriel au lieu de cognitif. De cette façon, l'aspect sensoriel du Système immunitaire doit compléter les capacités cognitives du cerveau grâce a la reconnaissance d'objets qui ne peuvent pas être sentis, vu, goutes ou touches et causer ainsi une réaction physiologique. Ces stimuli (comme le virus, bactéries, protozoaires, etc.) sont reconnus par le Système immunitaire qui alerte le Système nerveux par des hormones et des lymphokines.

En somme, il est possible d'affirmer que les principales caractéristiques du Système immunitaire, qui peuvent être considérées comme cognitives sont : un répertoire exhaustif portant une image interne de tous les antigènes possibles (y compris des antigènes du soi), sa capacité de sélection clonale, sa reconnaissance de formes, l'apprentissage et la mémoire, et enfin, son potentiel afin de compléter et réglementer la cognition neuronale a travers la perception des stimuli qui ne peuvent pas être détectes physiologiquement.

3   Système immunitaire artificiel

L'intérêt pour les SIAs est apparu au milieu des années 80 avec la publication de l'article de Farmer, Packard et Perelson "The immune system, adaptation and machine learning" [24] et celui de Bersini et de Varela sur les réseaux immunitaire en 1990. Cependant, c'est seulement au milieu des années 90 que les SIAs sont devenus un domaine de recherche. En 1994, Dasgupta a entrepris des études étendues sur des algorithmes de sélection négatives. Hunt et Cooke ont commence des travaux sur les modèles de réseau immunitaire en 1995, Timmis et Neal ont continue ce travail et ont apporte quelques améliorations. Le travail de De Castro, Von Zuben, Nicosia et de Cutello sur la sélection clonale est devenu notable en 2002. Le premier livre sur les Systèmes immunitaires artificiels a été édité par Dasgupta en 1999.

Maintenant, de nouvelles idées telles que la théorie de danger et les algorithmes inspires par le Système immunitaire inné, sont explores également. Bien qu'il subsiste un certain doute qu'ils offrent quelque chose au delà des algorithmes existants des SIAs.

Les SIAs constituent un domaine de recherche assez récent compares aux autres métaheuristiques qui se sont inspire de la biologie. Les SIAs ont plusieurs définitions, voici quelques unes [25] :

Définition 1 : Les SIAs sont des méthodes de manipulation de données, de classification, de représentation et de raisonnement qui s'inspirent d'un modèle biologique plausible : le Système immunitaire humain (Starlab).

Définition 2 : Les SIAs sont des Systèmes informatiques bases sur des métaphores du Système immunitaire naturel (Timmis 2000).

Définition 3 : Les SIAs sont des Systèmes adaptatifs, s'inspirant des théories de l'immunologie, ainsi que des fonctions, des principes et des modèles immunitaires, afin d'être appliques a la résolution de problèmes (de Castro et Timmis 2002).

Les algorithmes des SIAs peuvent être divises en trois grandes catégories :

3.1 La sélection clonale

La théorie de la sélection clonale a été utilisée comme source d'inspiration pour le développement des SIAs qui effectuent des taches d'optimisation et de reconnaissance de formes. En particulier, l'inspiration a été prise du processus de maturation d'affinité des cellules B et de son mécanisme d'hypermutation. Ces SIA font souvent appel a l'idée de cellules mémoires afin de conserver les bonnes solutions du problème a résoudre. Dans leur livre, Castro et Timmis mettent en évidence deux aspects importants de la maturation d'affinité dans les cellules B qui peuvent être exploitées a partir du point de vue informatique :

- Le premier est que la prolifération des cellules B est proportionnelle a l'affinité de l'antigène auquel elles se sont liées, donc les cellules avec le plus grand taux d'affinité, sont celles qui produisent le plus de clones.
- En second lieu, les mutations subies par les anticorps d'une cellule-B sont inversement proportionnelles a l'affinité de l'antigène auquel ils se sont lies, donc plus l'affinité est grande, plus le taux de mutation est petit.

Utilisant ces deux caractéristiques, de Castro et Von Zuben ont développé l'un des algorithmes de SIA inspire de la sélection clonale les plus populaires et largement utilises appelé CLONALG, qui a été utilise pour effectuer les taches de filtrage et d'optimisation multimodale [26].

Algorithm 1 Algorithme CLONALG

Input : S : ensemble d'antigènes.
Ensure: M : ensemble de détecteurs de mémoire capable de classer de nouveaux modèles.
Début :
Créer un ensemble aléatoire d'anticorps, A.
Pour chaque élément de S faire :
1. Déterminer l'affinité avec chaque anticorps de l'ensemble A.
2. Créer un sous-ensemble K des anticorps avec le plus grand taux d'affinité.
3. Générer des clones des anticorps du sous-ensemble K. Le nombre de clones pour un anticorps est proportionnel a son affinité
4. Appliquer le processus de mutation sur les clones pour augmenter leur degré de correspondance avec l'antigène.
5. Exposer les clones de nouveau a l'antigène et recalculer leurs affinités.
6. Les meilleurs clones seront places dans l'ensemble M.
7. Remplacer les n anticorps de plus faible affinité dans A par de nouveaux anticorps générés aléatoirement.
Fin

Bien que performant le CLONALG présente certains inconvénients, par exemple il ne permet pas de capitaliser les informations générées par chaque population de clone, car des qu'une cellule mémoire est sélectionnée le reste des cellules mutées seront éliminées, alors que cette population pourrait contenir un certain nombre de cellules de haute affinité. En préservant une grande partie de la population de cellules mature, l'algorithme pourrait construire a partir d'une base solide de liens de haute affinité et devrait théoriquement aboutir a une solution optimale en moins de générations. Toutefois, ceci introduit le risque de convergence vers un minimum local. Ceci pourrait être évité en générant de façon aléatoire de nouveaux anticorps et les ajouter a la population.

En 2003, White et Garrett dans leur article " Improved Pattern Recognition with Artificial Clonal sélection" utilisent l'algorithme CLONALG pour le problème de reconnaissance de formes et après avoir examine la performance de la technique sur la classification des caractères non vue, ils ont propose une version enrichie du CLONALG appelé CLONCLAS (CLONal sélection algorithm for CLASsification). Le principe est d'allouer une classe a chaque anticorps de la population, ce qui lui permet d'effectuer une classification en attribuant sa classe a un antigène. Quand un nouvel antigène est expose a la population, il est alloue a la classe de l'anticorps avec la plus grande affinité pour cet antigène.

Algorithm 2 Algorithme CLONCLASS

Input : S : ensemble d'antigènes.
Ensure: M : ensemble de détecteurs de mémoire capable de classer de nouveaux modèles.
Début :
1. Générer aléatoirement une population initiale d'anticorps Ab. Il est composé de deux sous-ensembles Abm (population de mémoire) et Abr (population réservoir).
2. Sélectionnez un antigène Agi de la population S.
3. Pour G générations faire
    3.1 Effectuer les étapes 1-6 de CLONALG
    3.2 Remplacez les anticorps dans Abr avec le même nombre d'anticorps de la population triés des clones qui ont subit une mutation.
    3.3 Supprimer les anticorps avec une faible affinité dans la population Abr et les remplacer avec de nouveaux membres générés de façon aléatoire.
Fin
4. Revenir à l'étape 2 jusqu'à ce que tous les antigènes aient été présentés.
Fin

3.2 La sélection négative

Les algorithmes de la sélection négative sont inspires par le principal mécanisme dans le thymus qui produit un ensemble de cellules T matures capables de se lier seulement aux antigènes du non-soi.

Le premier algorithme de la sélection négative a été propose par Forrest en 1994 pour détecter la manipulation de données causée par un virus dans un Système informatique. Le point de départ de cet algorithme est de produire un ensemble de chaines de soi, S, qui définissent l'état normal du Système. La tâche est alors de générer un ensemble de détecteurs, D, qui ne se lient (reconnaissent) que le complément de S (Figure 2.9). Ces détecteurs peuvent ensuite être appliques a de nouvelles données afin de les classer comme étant soi ou non-soi (Figure 2.10), ou dans le cas de l'œuvre originale de Forrest, détecter si les données ont été manipulées.

L'algorithme de Forrest produit l'ensemble de détecteurs via le processus suivant :

Algorithm 3 Algorithme Sélection négative

Input : S : ensemble d'éléments du soi.

Ensure: D : ensemble de détecteurs généré.

Début :

Répéter jusqu'à ce que les critères d'arrêt aient été atteints :

    1. Générer aléatoirement des détecteurs potentiels et les placer dans un ensemble P.

    2. Déterminer l'affinité de chaque membre de P avec chaque membre de l'ensemble S.

    3. Si un élément de S est reconnu par un détecteur de P selon un seuil de reconnaissance r :

        3.1. alors le détecteur est rejeté,

        3.2. sinon il est ajouté à l'ensemble de détecteurs disponibles D.

    Fin Si

Fin Répéter

Fin

FIGURE 2.9 – Génération de l'ensemble de détecteurs

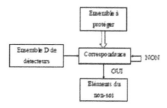

FIGURE 2.10 – Surveillance d'éléments du non-soi.

3.3   Les réseaux immunitaires (ou idiotypiques)

La théorie du réseau immunitaire a suggère un Système immunitaire avec un comportement dynamique même en absence d'un antigène de non soi. Il existe plusieurs modèles du réseau immunitaire dans cette section nous nous pencherons sur le modèle nomme aiNet . artificial immune NETwork . qui a été propose par De Castro & Von Zuben [18] [27]. Le modèle aiNet sera compose d'un ensemble d'anticorps, relies entre eux par des liens avec leurs forces de connexion associe. Les anticorps aiNet sont censés représenter les images du réseau interne des agents pathogènes contenues dans l'environnement auquel ils sont exposes. Les connexions entre les anticorps déterminera leurs interrelations, fournissant un degré de similitude entre eux : plus les anticorps sont proche, plus ils sont similaires.

L'algorithme de base est le suivant [26] :

Algorithm 4 Algorithme aiNet

Input : S :ensemble d'antigène a reconnaitre,nt seuil d'affinité réseau, ct seuil piscine clonale,h le nombre de clones avec la plus grande affinité, a le nombre de nouveaux anticorps a introduire

Ensure: N : ensemble de détecteurs mémoire capable de classer les modèles non vue.

Début :

1. Créer un premier ensemble aléatoire d'anticorps, N.

2. Répéter jusqu'à ce qu'un des critères d'arrêt soit atteint

   2.1. Pour chaque individu de S faire

       2.1.1. Déterminer l'affinité avec chaque anticorps en N.

       2.1.2. Générer des clones des anticorps avec la plus haute affinité.

       2.1.3. Muter les attributs de ces clones, Sélectionner quelques clones de plus haute affinité pour constituer l'ensemble mémoire, C ;

       2.1.4. Éliminez tous les éléments de C dont l'affinité avec l'antigène est inférieur a un seuil prédéfini ct ;

       2.1.5. Déterminer l'affinité entre tous les anticorps en C et éliminer les anticorps dont l'affinité avec les autres est inférieur au seuil ct ;

       2.1.6. Incorporer les clones restants de C dans N ;

   Fin Pour

   Fin Répéter

3. Déterminer l'affinité entre chaque paire d'anticorps dans N et éliminer tous les anticorps dont l'affinité est inférieur au seuil nt ;

4. Introduire un nombre a d'anticorps générés aléatoirement et les placer dans N ;

Fin

3.4   AIRS : Artificial Immune Recognition System

L'AIRS est un algorithme inspire du Système immunitaire mais a la différence des autres algorithmes des SIAs est l'apprentissage supervise. Les AIRSs utilisent une terminologie légèrement différente des autres algorithmes SIAs, les termes et concepts qu'on trouve dans l'algorithme AIRS sont : [28]

Artificial Recognition Ball (ARB) : ou cellules B. Chaque ARB contient des informations sur la cellule-B (anticorps, un comptage du nombre de ressources détenues par la cellule, et la valeur de stimulation courante de la cellule).

Seuil d'affinité (AT) : La valeur moyenne d'affinité entre tous les antigènes dans l'ensemble d'apprentissage ou au sein d'un sous-ensemble sélectionne de ces antigènes d'apprentissage.

Seuil d'affinité scalaire (ATS) : Une valeur comprise entre 0 et 1 qui, multiplie par le seuil d'affinité AT, fournit une valeur seuil pour le remplacement de cellules de mémoire dans la routine d'apprentissage AIRS.

Cellule mémoire candidate : Les cellules mémoires de l'ensemble ARB, de la même classe que l'antigène de l'apprentissage, qui était le plus stimulée après l'exposition a l'antigène donne.

Taux de clonage : Une valeur entière utilisée dans le produit " taux de Clonage * valeur stimulation" qui détermine le nombre de clones a produire par une ARB après avoir répondu a un antigène donne. Ce produit est également utilise dans l'affectation de ressources a un ARB.

Taux d'hypermutation : Une valeur entière utilisée pour déterminer le nombre de clones mutes qu'une cellule mémoire donne est autorisée a injecter dans la population cellulaire. Dans l'implémentation actuelle, la cellule mémoire sélectionné injecte au moins " taux d'hypermutation . taux de clonage .valeur de stimulation " de clones mutes dans la population cellulaire au moment de l'introduction d'antigène.

Ressources : Un paramétré qui limite le nombre d'ARB permis dans le Système. On attribut a chaque ARB un certain nombre de ressources en fonction de la valeur de stimulation et du taux de clonage. Le nombre total des ressources Système a l'échelle est réglée a une certaine limite. Si le nombre de ressources consommes est supérieur au nombre de ressources autorise a exister dans le Système, alors les ressources sont retirées des cellules les moins stimulées jusqu'à ce que le nombre de ressources dans le Système retourne au nombre autorise. Si toutes les ressources d'une ARB donnée sont retirées, alors l'ARB est retire de la population de cellules.

Fonction de stimulation : Une fonction qui permet de mesurer la réponse d'un ARB a un antigène ou a un autre ARB.

Valeur de stimulation : La valeur retournée par la fonction de stimulation.

Seuil de stimulation (ST) : Un paramètre entre 0 et 1 utilisée comme un critère d'arrêt pour l'apprentissage sur un antigène spécifique.

L'algorithme AIRS comporte quatre étapes :

Étape 1 : initialiser et normaliser les données.

Étape 2 : identification des cellules mémoire et génération des ARBs.

Étape 3 : compétition des ressources et développement de la cellule mémoire candidate.

Étape 4 : introduction d'une cellule mémoire candidate dans l'ensemble des cellules mémoires.

L'algorithme AIRS est le suivant :

Algorithm 5 Algorithme AIRS

Input : S :ensemble d'antigène.

Ensure: MC : ensemble des cellules mémoire

Début

1. Initialisation

    1.1. Normaliser les données d'apprentissage (antigène), les vecteurs caractéristiques appartiendront a l'intervalle [0, 1].

    1.2 Calculer le seuil d'affinité (AT)

Pour chaque antigène faire :

    a. Identification des cellules mémoire et génération des ARB : Pour chaque élément de MC

    a.1. Déterminer son affinité avec l'antigène.

    a.2. Sélectionner mc la cellule avec la plus haute affinité.

    a.3. Générer des clones de mc et les ajouter a l'ensemble des ARB (P).

    a.4. Muter chaque clone de mc et ajouter ces ARB mute a P.

    b. Compétition des ressources :

    b.1. Calculer les ressources de chaque ARB et éliminer ceux qui n'ont pas de ressource.

    b.2. Calculer la moyenne de stimulation.

    c. Expansion clonal et Maturation d'affinité : cloner et muter les ARB restant dans P.

    d. Cycle : si la moyenne de stimulation est inférieure au seuil de stimulation revenir a b sinon arrêter l'apprentissage sur cet antigène.

    e. Introduction des cellules mémoire dans MC :

    e.1. Sélectionnez l'ARB avec la plus forte affinité et de la même classe que l'antigène.

    e.2. Si la stimulation de la cellule candidate est supérieure a la stimulation de toutes les cellules mémoire dans MC alors ajouter cette cellule a MC.

    e.3. Si l'affinité de la cellule candidate avec la meilleure cellule de MC (mc) est inférieure au seuil d'affinité alors supprimer mc.

Fin Pour

Fin

Notons que :

- ag_i et ag_j : deux antigènes.
- affinité (a,b) : la distance euclidienne normalisée entre a et b.
- mc : un élément de l'ensemble MC.
- ag_c : la classe de l'antigène ag.
- AB : représente un ensemble d'ARBs.
- MU : un ensemble de clones d'ARBs mute.
- stimulation(x,y) =1-affinité(x,y).

A la fin de l'algorithme présente, nous obtenons un ensemble de cellules mémoires qui ont subit un apprentissage leur permettant d'effectuer une classification et cela grâce a la méthode k-plus proche voisin.

4 Implémentation d'un SIA

Afin d'implémenter un système immunitaire artificiel, il faut suivre les étapes suivantes :
- Identifier les éléments qui feront partie du SIA.
- Choisir la meilleure représentation (encoding) pour ces éléments.
- Déterminer la mesure d'affinité appropriée.
- Choisir l'algorithme immunitaire qui convient le mieux au type du problème a résoudre.

5 Domaines d'application des SIAs

Le système immunitaire artificiel s'inspire du système immunitaire naturel et chaque processus du ce système sert de base pour un modèle différent. Cette diversité de modèle permet que les SIAs soient utilises pour résoudre plusieurs problèmes différents tel que [28] :

5.1 Robotique

L'une des taches les plus difficiles de la robotique est le problème de navigation autonome, ou un robot (un ensemble de robots) doit pouvoir accomplir certaines taches sans aucune indication extérieure.

Les articles "Robot with a Decentralized Consensus-Making Mechanism Based on the Immune System" (1997) et "Immunoid : A Robot with a Decentralized Behavior Arbitration Mechanisms Based on the Immune System" (1996) de Ishiguro et al. portaient sur l'élaboration d'un mécanisme dynamique consensus de décision décentralise, fonde sur la théorie des réseaux immunitaires ou l'intelligence devait émerger des interactions réciproques entre les agents (appelé modules de compétence) ou entre un robot et son environnement. Leur but était la construction d'un mécanisme qui peut prendre les décisions appropriées entre plusieurs modules et la façon de préparer ces modules. Cette méthode a été évaluée sur un problème de collecte des ordures en tenant compte de l'autonomie, c'est a dire un robot devait recueillir un ensemble d'ordures et le mettre dans une poubelle, sans manquer d'énergie (niveau de batterie).

5.2 Optimisation

Les problèmes d'optimisation sont présents dans plusieurs domaines d'applications. Le but dans ce type de problème est de trouver l'ensemble des meilleures conditions admissibles pour atteindre un certain objectif.

En 2000, De Castro et Von Zuben ont présenté un algorithme de sélection clonale, qui prend en compte la maturation de l'affinité de la réponse immunitaire, afin de résoudre des problèmes complexes, comme l'apprentissage et l'optimisation multimodal. Leur algorithme constitue une mise en œuvre des processus biologiques et ne tient pas compte de toute sophistication mathématique pour améliorer ses performances dans des taches particulières.

5.3 Sécurité des ordinateurs

La protection des ordinateurs contre les virus, les utilisateurs non autorises, etc., constitue un champ riche de la recherche pour les systèmes de détection d'anomalie. En 1994, Forrest et al. dans leur article "Self Non-self Discrimination in a Computer" comparent le problème de la protection des systèmes informatiques a celui de l'apprentissage de la distinction entre soi et le non-soi des systèmes immunitaires. Ils ont décrit une stratégie de détection basée sur la sélection négative intrinsèque a notre système immunitaire.

5.4 La détection et l'élimination des virus informatiques

Dans le système développé par Kephart en 1994 dans son article "A Biologically Inspired Immune System for Computers", un ensemble d'anticorps de virus informatiques ou des vers qui n'ont pas été rencontres ont été générés de façon a favoriser une réponse plus rapide et plus forte contre de future infections. Il était également préoccupe par la réduction du risque d'une réaction auto-immune, dans laquelle le système immunitaire informatique aurait a tort identifie les logiciels légitimes comme étant indésirables. En 1999, Okamoto et Ishida dans leur article ont propose un système multi-agent base sur les SIAs, plus précisément l'algorithme de la sélection négative. La détection des virus est réalisée en effectuant une correspondance entre les informations propres d'un fichier (tel que les premiers bits de l'entête du fichier, sa taille, le chemin d'accès) et le fichier de l'hôte. La neutralisation des virus est faite par la réécriture des informations initiales sur le fichier infecte.

5.5 Reconnaissance de formes

La reconnaissance de formes est le domaine de recherche qui étudie le fonctionnement et la conception de systèmes capables de reconnaitre des tendances dans les données. Il renferme des sous-disciplines comme l'analyse discriminante, l'extraction de caractéristiques, estimation de l'erreur, inférence grammaticale et syntaxique (appelé reconnaissance des formes syntaxiques). Quelques domaines d'application : l'analyse d'image, la reconnaissance de caractères, l'analyse de la parole, le diagnostic, l'identification des personnes et l'inspection industrielle.

Forrest et al dans "Using Genetic Algorithms to Explore Pattern Recognition in the Immune System" en 1993 utilisent un modèle binaire du système immunitaire, afin d'étudier la reconnaissance de formes et l'apprentissage dans le système immunitaire. Ils utilisent aussi un algorithme génétique pour étudier le maintien des capacités de diversité et généralisation du modèle de chaine de bits du système immunitaire, lors de la généralisation des moyens de détection de schémas communs qui sont partages entre de nombreux antigènes.

5.6 Diagnostic médical

L'utilisation des systèmes de classification pour le diagnostic médical augmente graduellement. Il n'y a aucun doute que le facteur le plus important lors du diagnostic est la décision de l'expert mais les systèmes intelligents de diagnostic apportent une aide non négligeable puisqu'ils réduisent les erreurs dues a la fatigue. Ces systèmes peuvent aussi réduire le temps nécessaire au diagnostic. Parmi ces systèmes, se trouvent les systèmes immunitaires artificiels.

En examinant les différents articles qui concernent la classification de données médicales, il est possible de distinguer qu'un grand nombre de problèmes utilise comme algorithme de base l'algorithme AIRS. Parmi ces méthodes nous trouvons :

Dans [29] Hung-Chun Lin & al. utilisent AIRS pour la prédiction du diabète du type 2 chez les femmes souffrant de diabète gestationnel, ils ont obtenu une précision de 62.8 %.

Dans [30], Seral Ozsena & al. proposent un algorithme baptise SAMA (Supervised Affinity Maturation Algorithm) pour le diagnostic l'athérosclérose en utilisant des échographie Doppler, ils ont obtenu une précision de classification de 98.93 %, tandis que dans [31] les auteurs ont traite le même problème avec un AIRS et ont obtenu 99,29 %. Dans [32], l'introduction d'une étape de prétraitement (PCA Vk-NN) avant l'exécution du AIRS a augmente la précision jusqu'à 100 %.

Dans plusieurs publications une étape de prétraitement a été introduite avant l'exécution du AIRS, ce qui a contribue a augmenter la précision de classification. Parmi ces publications, nous trouvons [33] ou les auteurs utilisent une étape de sélection de caractéristiques afin de réduire le nombre d'attributs utilises, ils ont obtenu une précision de 98.51 % pour le problème du cancer du sein, alors que dans [34] ils ont utilise la méthode d'analyse en composantes principales pour le cas du cancer de poumon et ont obtenu une précision de 100 %.

Dans les cas précédents, les prétraitement effectues consiste a réduire le nombre de caractéristiques de la base de données par contre dans ([35], [36]), Salih Gune. & al. attribuent des poids au caractéristiques en fonction de la pertinence de l'information qu'ils apportent au problème. La méthode utilise en [35] avec la base de données "thyroid disease" a donne comme résultat une précision de 95.90 %, tandis que la méthode utilise en [36] sur la base de données "Pima Indians Diabetes" a donne une précision de 75.87 %.

Une autre méthode de prétraitement base sur la logique floue nomme "fuzzy weighted pre-processing" est présenté dans les articles ([37], [38], [39], [40]). Cette méthode permet d'affecter de nouvelles valeurs aux caractéristiques de la base de données. Dans [39], cette méthode fut applique au problème de diagnostic de maladies de cœur et ont obtenu un résultat de 96.30 %.

Dans ([4], [42], [43], [44]), une hybridation entre un AIRS et un système flou est utilise pour des problèmes de classification et diagnostic. Le principe est de remplacer l'étape d'allocation de ressources par un système flou afin de limite le nombre de cellules mémoire et réduire le temps d'exécution. Dans [4], les auteurs ont utilise un AIRS et un Fuzzy-AIRS sur la base de données "Pima Indians diabetes" et ont obtenu respectivement un taux de classification de 79.22 % et 84.42 %. 5.7.

5.7   Autres applications

Il existe d'autres domaines application pour les SIAs tels que :

Segmentation d'images : McCoy et Devarajan. "Artificial Immune Systems and Aerial Image Segmentation", en 1997.

Apprentissage : Potter et De Jong. "The Coevolution of Antibodies for Concept Learning", en 1998.

Ordonnancement : Hart et al. "Producing Robust Schedules Via An Artificial Immune System", en 1998.

Datamining : Hunt et Fellows "Introducing an Immune Response into a CBR system for Data Mining", en 1996.

Système de classification : Forrest et Hofmeyr. "John Holland's Invisible Hand : an Artificial Immune System ", en 1999.

6   Conclusion

Dans ce chapitre nous avons vu que les systèmes immunitaires artificiels sont des algorithmes qui s'inspirent du domaine de la biologie plus précisément les systèmes immunitaires des vertébrés. Ce chapitre tait destiné à présenter les différentes théories et concepts nécessaires au développement d'un SIA. Il faut noter que les SIAs sont particulièrement intéressantes pour résoudre les problèmes dans des environnements distribues et dynamiques.

Comme dans d'autres techniques bio-inspires, les SIAs visent à développer des modèles différents en s'inspirant des différents processus du SIN. Par exemple : l'algorithme de la sélection clonale propose par De Castro et Von Zuben en 2000, l'algorithme de la sélection négative présenté par Forrest en 1994, et les réseaux immunitaires artificiels proposes par Farmer en 1986. Ces différents mécanismes sont généralement utilises pour résoudre différents types de problèmes : les modèles de réseau immunitaire sont adaptes pour faire face a des environnements dynamiques, tandis que les algorithmes bases sur le principe de la sélection clonale sont adéquats pour résoudre les problèmes d'optimisation, et les stratégies de sélection négative sont appliquées avec succès a des taches de détection d'anomalies ou intrusion [28].

Chapitre 3

Classification Du Diabète

1 Introduction

Ce chapitre présente la méthode MAIRS2 (Modified AIRS2) utilisée pour effectuer la classification du diabète. Cette méthode est une hybridation de deux algorithmes, le premier est l'AIRS2 qui est une évolution de l'algorithme AIRS (présenté dans le chapitre 2). Le deuxième algorithme est le K-plus proche voisin flou présenté par Keller [45] en 1985 pour palier aux limitations du K-ppv. AIRS a été introduit en 2001 comme l'une des premières approches du système immunitaire dédié à la classification. À la différence des autres algorithmes qui s'inspirent du système immunitaire, l'AIRS est un algorithme à apprentissage supervisé, le seul autre algorithme qui utilise les systèmes immunitaires pour l'apprentissage supervisé a été présenté par Carter en 2000 dans son article "The immune systems as a model for pattern recognition and classification".

L'algorithme AIRS2 effectuera un apprentissage supervisé sur la base de données du diabète et donnera comme résultat un ensemble de cellules mémoires. Le K-plus proche voisin effectuera la classification de la base de test en utilisant l'ensemble de cellules mémoires généré dans la phase d'apprentissage.

2 Méthode utilisée

2.1 L'algorithme AIRS2

2.1.1 Les changements de l'AIRS2

Cette nouvelle version de l'algorithme AIRS est plus simple et plus efficace que l'algorithme standard et donc plus facile à implémenter. L'AIRS2 est assez similaire à la première version d'AIRS mais présente quelques différences mineures mais importantes par rapport à l'AIRS. Les changements effectués sur l'AIRS sont :

a. L'ensemble ARB :   Dans l'AIRS2, l'ensemble ARB est initialisé pour chaque nouvel antigène. La formulation originale de l'AIRS utilise l'ensemble ARB afin de générer la cellule mémoire candidate de même classe que l'antigène. Tout au long de l'apprentissage, l'ensemble ARB conserve les cellules mémoires développées pour les antigènes précédents donc l'ensemble contient aussi des cellules de classe différente à celle de l'antigène actuel, elles participent dans l'étape de compétition de ressource. L'élimination des cellules de classe différente simplifie l'algorithme, réduit la mémoire requise lors de l'exécution, et améliore l'exécution globale [28].

b. Expansion clonale :   Durant la phase de clonage et mutation, l'AIRS2 contrairement à l'AIRS ne permet pas la mutation de classe puisque seuls les clones de même classe que l'antigène sont conservés dans l'ensemble ARB.

c. Allocation de ressource :   L'allocation de ressource prend en compte juste les cellules de même classe ce qui réduit considérablement le temps d'exécution du programme.

d. Hypermutation somatique :   Pour l'AIRS la mutation des clones est faite en fonction du taux de mutation spécifié par l'utilisateur, alors que pour l'AIRS2, la mutation est exécutée en fonction de la stimulation du clone. Plus précisément, plus la stimulation d'une cellule est élevée, plus l'intervalle des valeurs de mutation sont restreint. Ceci limite l'exploration de l'espace de recherche autour du voisinage des cellules de haute qualité, mais permet aux cellules de qualité inférieure un champ d'exploration plus large. De cette façon, l'algorithme exécute à la fois le raffinement local et la diversification.

2.1.2   La réduction de données

Quand un antigène est introduit dans le système, la cellule la plus stimulé de l'ensemble de cellules mémoires (MC) est autorisé à injecter un ensemble de clones mutés dans l'ensemble ARB. A la fin du processus évolutif des cellules de l'ensemble ARB, la cellule la plus stimulée (cellule candidate) est sélectionnée. La cellule candidate remplacera la cellule mémoire sélectionnée au début si elle est plus proche de l'espace de recherche de l'antigène et si l'affinité entre les deux cellules est grande (les cellules sont proches l'une de l'autre).

Ce processus permet à l'algorithme AIRS de réduire la taille des données nécessaire pour effectuer une classification. Les cellules mutées remplacent les cellules mémoires existantes proches d'elles dans l'espace, ce qui réduit le nombre de cellules nécessaires pour représenter le domaine du problème [28]. Il nous est possible de dire que les éléments de l'ensemble de cellules mémoires sont des prototypes, puisque chaque cellule mémoire représente une ou plusieurs instances de l'ensemble d'apprentissage.

Le tableau **??** montre clairement que la réduction des données réalisée par l'AIRS2 et plus importante que celle réalisée par l'AIRS tout en gardant un taux de reconnaissance similaire. Ceci est dû au fait que l'AIRS2 à la différence de la version originale utilise le processus d'hypermutation somatique ce qui améliore les cellules produites [28].

BDD	Taille	AIRS		AIRS2	
		Taux	Taille MC/ réduction %	Taux	Taille MC/ réduction %
Iris	120	96.7	42.1/65	96.0	30.9/74
Ionosphere	200	94.9	140.7/30	95.6	96.3/52
Diabète	691	74.1	470.4/32	74.2	273.4/60
Sonar	192	84.0	144.6/25	84.9	177.7/7

TABLE 3.1 – Comparaison de la précision et la réduction de donnée entre AIRS et AIRS2

2.1.3 La puissance de l'algorithme AIRS

Goodman et al. [46] ont effectué une étude pour expliquer l'efficacité de l'AIRS. Les résultats obtenus ont confirmé que la puissance de cet algorithme ne vient pas du processus de génération de cellules mémoire mais plutôt de la manière dont le système sélectionne, remplace et maintient les éléments de l'ensemble de cellules mémoires. Ils ont montré que l'AIRS est compétitif par rapport à d'autres classificateurs.

2.1.4 Avantages et limites de l'algorithme

a. Avantages : – Les données du système sont représentées de manière explicite pour l'utilisateur (critère important dans le diagnostic médical).

- la réduction de données faite par l'AIRS2 permet de réduire le temps de classification du K-ppv.
- Le système reste toujours évolutif.
- L'AIRS peut apprendre et mémoriser un grand nombre de patterns.

b. Limites : – L'AIRS fonctionne uniquement avec des données numériques.

2.2 Description du K-plus proche voisin flou

L'AIRS est un algorithme d'apprentissage, son but est de générer un ensemble réduit de cellules qui représentent le domaine du problème. La classification est effectuée usuellement par l'algorithme K-ppv.

Dans ce travail, l'algorithme K-ppv a été remplacé par le K-ppv flou. Le K-ppv est l'une des plus importantes méthodes parmi les algorithmes non-paramétriques, cependant cet algorithme présente quelques inconvénients. L'un de ces inconvénients est que tous les voisins ont le même poids pour l'affectation d'une classe à un vecteur de données. L'autre inconvénient est qu'il ne spécifie pas le degré d'appartenance du vecteur à la classe qui lui a été attribué.

Keller et al. [45] ont proposé en 1985, le classifieur K-ppv flou pour palier aux limitations du K-ppv. L'algorithme K-ppv flou alloue au vecteur de données un degré d'appartenance à une classe donnée. Le principe est d'allouer le degré d'appartenance à une classe en fonction de la distance du vecteur de ces K-ppv et de l'appartenance de ces voisins à la classe.

2.2.1 L'algorithme K-ppv

L'algorithme des k-plus proche voisins est présenté ci-dessous :

Algorithm 6 KNN Algorithm

Input : x of unknown classification.

Set k, $1 \leq k \leq n$

$i = 1$

while k-nn to x found **do**

  Compute distance from x to x_i

  if $i \leq k$ **then**

    Include x_i in the set of $k - nn$

  else

    if x_i closer to x than any previous nearest neighbor **then**

      Delete the farthest of the $k - nn$

      Include x_i in the set of $k - nn$

    end if

  end if

  $i = i + 1$.

end while

Determine the majority class represented in the set of k-nn.

if a tie exists **then**

  Compute sum of distances of neighbors in each class which tied.

  if no tie occurs **then**

    Classify x in the class of minimum sum

  else

    Classify x in the class of last minimum found

  end if

else

  Classify x in the majority class.

end if

2.2.2 L'algorithme K-ppv flou

L'algorithme K-ppv flou, présenté dans le papier de Keller et al. "A fuzzy k-nearest neighbor algorithm " [44] est présenté ci-dessous :

Algorithm 7 Fuzzy-KNN Algorithm

Input : x of unknown classification.

Set k, $1 \leq k \leq n$

$i = 1$

while k-nn to x found **do**

   Compute distance from x to x_i

   if $i \leq k$ **then**

     Include x_i in the set of $k - nn$

   else

     if x_i closer to x than any previous nearest neighbor **then**

       Delete the farthest of the $k - nn$

       Include x_i in the set of $k - nn$

     end if

   end if

   $i = i + 1.$

end while

$i = 1$

while x assigned membership in all classes **do**

   Compute 3.1

$$u_i(x) = \frac{\sum_{j=1}^{k} u_{ij} \left(\frac{1}{\|x-x_j\|^{\frac{2}{(m-1)}}} \right)}{\sum_{j=1}^{k} \frac{1}{\|x-x_j\|^{\frac{2}{(m-1)}}}} \tag{3.1}$$

   $i = i + 1.$

end while

Avec :

- $x_1, x_2, \ldots x_n$" l'ensemble de données étiquetées, dans notre travail c'est l'ensemble de cellules mémoires MC.

- u_{ij} représente le degré d'appartenance de la $j^e me$ cellule de l'ensemble de cellules mémoires à la $i^e me$ classe.

- Le paramètre m détermine le degré de pondération de la distance dans le calcul de l'appartenance

- $\|x - x_j\|$ est la distance entre x et sont $j^e me$ plus proche voisin x_j. La classe affectée au vecteur x est donné par l'équation suivant : $:argmax_{i=1}^{nc}(u_i(x))$.

2.2.3 Degré d'appartenance des cellules de MC

Il existe plusieurs méthodes pour l'affectation du degré d'appartenance à une classe aux cellules de l'ensemble de cellules mémoire. Dans ce travail, nous avons utilisé les deux méthodes suivantes :

- Méthode Crisp : cette méthode consiste à assigner à la cellule une appartenance complète à sa classe et une appartenance nulle pour les autres classes.

- Méthode flou : cette méthode consiste à calculer le degré d'appartenance des k-plus

47

proche cellules à chaque classe en fonction de l'équation suivante :

$$u_i(x) = \begin{cases} 0.51 + \left(\frac{n_j}{k}\right) \times 0.49 & \text{if} \quad i = j \\ \left(\frac{n_j}{k}\right) \times 0.49 & \text{if} \quad i \neq j \end{cases} \qquad (3.2)$$

Avec n_j est le nombre de voisin parmi les k plus proche cellules qui sont de classe$j$.

3   Description de la base de données utilisée

Dans ce mémoire nous avons utilisé la base Pima Indian Diabetes (PID), disponible sur le site officiel de l'UCI (machine learning repository), offerte par Vincent Sigillito. Cette base est une collection de rapports de diagnostic médicaux de 768 femmes âgé de plus de 21 ans, ces patientes sont des indiennes Pima, une population vivant près de Phoenix, Arizona, USA.

3.1   L'intérêt de la base de données

Des études ont montré que les Indiens Pima d'Arizona, dont le régime alimentaire et le mode de vie est semblable à la plupart des Américains, ont un taux de diabète de type 2 beaucoup plus élevé que la moyenne nationale, ce qui les rend le groupe le plus prédisposé au diabète dans le monde, elle atteint 70% pour les personnes âgées entre 55 et 64 ans. Les modifications du mode de vie au cours du siècle dernier sont à l'origine de l'apparition du diabète chez les Indiens Pimas mais elles ne peuvent être tenues pour responsables de son caractère épidémique. Cette population présente une prédisposition génétique particulière au diabète de type 2. Avec un degré d'obésité et un niveau glycémique similaire, les Indiens Pimas, comparés aux autres populations, présentent une résistance à l'action de l'insuline. Cette caractéristique est certainement en partie génétiquement déterminée [47].

Les recherches sur les indiens Pima ont commencé en 1963 lorsque le NIDDK (National Institute of Arthritis, Diabetes and Digestive and Kidney Diseases) a effectué une étude sur les rhumatismes et ils découvrirent une fréquence invraisemblable de diabète. Deux ans plus tard la communauté Pima, le NIH (National Institutes of Health) et le IHS (Indian Health Service) lancent une étude épidémiologique pour découvrir les raisons de ce taux élevé et ils espèrent expliquer pourquoi les Indiens Américains, les hispaniques et d'autres peuples non-blancs ont un taux de diabète qui atteint jusqu'à dix fois plus que les Blancs. La concentration à Gila River de gens qui ont un patrimoine génétique homogène et qui, en moins de cinquante ans, ont vu leur mode de vie passer brutalement du néolithique à la société de consommation, a fait de cette tribu un modèle idéal pour étudier l'interaction de la génétique et de l'environnement dans le diabète [47].

Le généticien James Neel de l'université du Michigan explique que la cause de cette prédisposition est le «génotype économe». Toutes les régions frappées de plein fouet par le diabète de type 2 ont été victimes de la «coca-colonisation» il y a cinquante ans. En quelques années, des populations entières sont passées d'un mode de vie traditionnel cueilleur/chasseur à une société d'abondance où l'activité physique est réduite au minimum et le régime alimentaire indexé sur le fast-food. Donc le gène qui favorise le stockage de graisse et qui leur a permis de survivre en période de famine s'est retourné contre eux en causant l'obésité qui est l'un des facteurs de risque du diabète de type 2 [47], [48].

L'interaction des gènes et de l'environnement a été confirmée par les chercheurs de Phoenix grâce au indiens Pima du Mexique. Les Indiens Pima en Arizona ont été génétiquement lié à un village d'Indiens Pima vivant un mode de vie plus traditionnel dans une région montagneuse du Mexique (Figure 3.1). Une étude en 1995 sur les Pimas mexicains a révélé une incidence rare de diabète. Plusieurs recherches ont été menées afin de déterminer la prédisposition génétique des indiens Pima à l'obésité et le diabète ainsi que des anomalies en cause [47], [48].

Des années d'efforts collectifs par les scientifiques et les volontaires ont jeté les bases pour éventuellement guérir ou de prévenir le diabète et ses complications. Ces travaux ont permis de fixer les critères de diagnostic utilisés pour identifier et traiter le diabète et d'anticiper la façon dont elle est susceptible de se développer [47].

FIGURE 3.1 – Zones de présence des indiens Pima

3.2 Base de données utilisées

La base Pima Indian Diabetes est constitué de 768 cas dont 268 sont diabétique et 500 non diabétique. Chaque cas est formé de 9 attributs, dont 8 représentent des facteurs de risque et le 9eme représente la classe du patient, le tableau 3.2 présente une description de ces attributs :

49

N° Attribut	Description attribut	Moyenne	Déviation standard
1	Nombre de grossesses (Ngross)	3.8	3.4
2	Concentration du glucose plasmatique (mg/dl)	120.9	32.0
3	Pression artérielle diastolique (mm Hg) (PAD)	69.1	19.4
4	Epaisseur de la peau au niveau du triceps (mm) (Epai)	20.5	16.0
5	Taux d'insuline au bout de 2 heures (mU/ml) (INS)	79.8	115.2
6	Indice de masse corporelle (poids en kg/m^2) (IMC)	32.0	7.9
7	Fonction pédigrée du diabète (Ped)	0.50	0.3
8	Age (années)	33.20	11.8

TABLE 3.2 – Description des attributs de la base

Malheureusement, il existe quelques cas avec des données manquantes qui ont été remplacé par des zéros, ce qui donne des valeurs biologiquement impossible tel qu'une pression artérielle égal à 0. Après élimination de ces cas, nous obtenons une base de 392 patientes dont 262 non-diabétiques et 130 diabétiques.

La figure (Figure 3.2) représente les diagrammes en boite à moustache de tous les paramètres de la base PID. Ces diagrammes nous montrent la répartition des diabétiques et non diabétiques en fonction des différents paramètres avec leurs minimums, maximums, médianes ainsi que le 1er quartile (25 %) et le 3ème quartile (75 %).

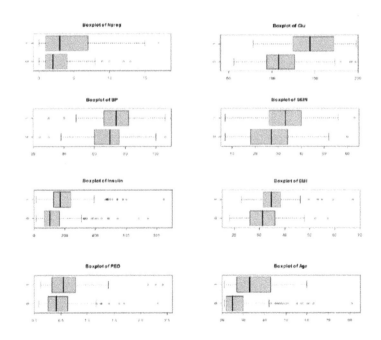

FIGURE 3.2 – Représentation des diagrammes des paramètres en boite à moustache.

4 Résultat obtenu et discutions

Dans ce travail, nous utilisons deux approches différentes pour la reconnaissance automatique du diabète :
- AIRS2 avec le K-ppv classique.
- MAIRS2 avec le K-ppv flou.

4.1 Paramètres d'évaluation

Ces deux classifieurs seront évalués en fonction de leur sensibilité, spécificité, taux de classification, matrice de confusion et degré de réduction de données.

4.1.1 Sensibilité (Se) :

Représente la probabilité que le test soit positif si la patiente est diabétique. Sensibilité (%) = VP/ (VP+FN)*100

4.1.2 Spécificité (Sp) :

Représente la probabilité que le test soit négatif si la patiente n'est pas diabétique. Spécificité (%) = VN/ (VN+FP)*100

4.1.3 Taux de classification :

TC = (VN+VP)/ (VN+FN+VP+FP)*100
Avec VP, VN, FP et FN représente respectivement :
- Vrai positif : un Diabétique classé Diabétique ;
- Vrai négatif : un No Diabétique classé No Diabétique ;
- Faux positif : un No Diabétique classé Diabétique ;
- Faux négatif : un Diabétique classé No Diabétique.

4.1.4 Matrice de confusion :

Elle contient des informations sur les classifications réelles et prédite par un système de classification. La matrice de confusion permet d'identifier les erreurs de classification (Tableau 3.3).

Réelle	Prédite	
	Négative	Positive
Négative	a	b
Positive	c	d

TABLE 3.3 – Matrice de confusion

4.2 Reconnaissance du diabète

4.2.1 Implémentation du système

Afin d'évaluer les performances des deux systèmes, l'AIRS2 classique et l'MAIRS2, nous avons implémenté les deux algorithmes de classification, K-ppv et K-ppv flou, de manière à ce qu'ils s'exécutent sur le même ensemble de cellules mémoires. Nous avons aussi utilisé la méthode "k-Fold Cross Validation" pour améliorer les performances du système.

4.2.2 K-Fold Cross Validation

La validation croisée est une méthode statistique qui permet l'évaluation et la comparaison des algorithmes d'apprentissage en divisant les données en deux segments : un utilisé pour l'apprentissage du modèle et l'autre sert à la validation du modèle. Typiquement durant la validation croisée, les ensembles d'apprentissage et de validation doivent s'interchanger lors des cycles successifs de telle sorte que chaque élément de la base de données a une chance d'être validé.

La méthode la plus utilisée de validation croisée est la méthode "k-Fold Cross Validation". Dans cette méthode l'ensemble d'apprentissage est divisé en k partitions de même taille. Par la suite, l'apprentissage et la validation sont effectué k fois, à chaque itération i la partition ki est utilisé pour le test et les k-1 partitions restantes sont utilisées pour l'apprentissage (Figure 3.3).

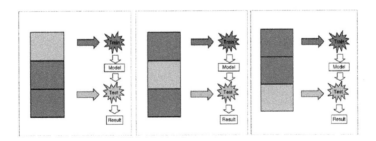

FIGURE 3.3 – Exemple 3-folds cross-validation.

Afin d'évaluer les performances de notre classifieur, le taux de classification, la sensibilité ainsi que la spécificité sont calculées à chaque itération pour le test de validation. A la fin, des k itération, la moyenne sera calculée pour chaque paramètre d'évaluation. La figure (Figure 3.4), représente l'évolution du taux de stimulation de la cellule candidate pour quatorze antigènes à chaque itération de la méthode k-folds corss-validation. Nous constatons l'exception de rare cas, la stimulation de la cellule candidate s'améliore à chaque itération.

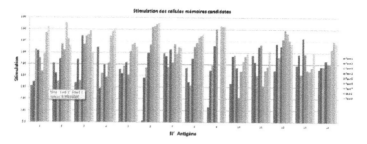

FIGURE 3.4 – Évolution de la stimulation des cellules candidates.

4.2.3   Paramètres de l'algorithme AIRS2

Les valeurs attribuées aux paramètres de l'algorithme d'apprentissage AIRS2 sont spécifiées dans le tableau 3.4, ces valeurs sont les valeurs par défaut.

Parameters	Value
Mutation rate	0.2
Stimulation threshold	0.9
Clonal rate	10
Hyper clonal rate	2
Seed	1
k value	3
K Fold	10

TABLE 3.4 – Valeurs des paramètres de l'AIRS2

D'après les tests menés par Watkin et al. [28] sur l'effet des paramètres sur le taux de classification, seul le nombre de ressources et l'ATS (Affinity Threshold Scalar) ont une influence sur le nombre et la qualité des cellules mémoires générés et par conséquence ils ont une influence sur le taux de classification :

– Affinity Threshold Scalar : la valeur de ce paramètre est sélectionné de l'intervalle [0, 1]. Ce paramètre détermine la taille de l'ensemble de cellules mémoire (MC), si la valeur sélectionnée est trop faible, le nombre de cellules introduites dans l'ensemble MC sera très grand, mais si la valeur est trop élevée le nombre de cellules de mémoire introduites dans l'ensemble MC sera trop faible.

– Le nombre de ressources : si le nombre de ressource alloué est élevé, la diversification des cellules est grande mais le temps d'exécution de l'apprentissage augmente.

4.2.4   Résultats obtenus

Afin de déterminer les valeurs optimales des paramètres ATS et nombre de ressources, nous avons mené plusieurs exécutions en variant les valeurs de ces paramètres. Pour chaque expérience, la classification a été effectuée avec le même ensemble de cellules mémoires

obtenus en utilisant trois méthodes différentes :
- K-plus proche voisin ;
- K-plus proche voisin flou avec méthode d'affectation Crisp ;
- K-plus proche voisin flou avec méthode d'affectation Flou ;

Les tableaux suivants présentent les résultats des différentes expérimentations menées avec le 10-folds cross-validation :
- Expérimentation 1 : nous choisissons, ATS = 0.1, nombre de ressource = 200, nous avons obtenu 365 cellules mémoires avec une réduction de données de 6.88 %. Les résultats sont présentés dans le tableau 3.5 :

Méthode	Taux de classification (%)	Sensibilité (%)	Spécificité (%)
AIRS2	80.12	61.81	89.31
MAIRS2 (Crisp)	91.40	85.85	94.90
MAIRS2 (Flou)	86.75	75.50	93.50

TABLE 3.5 – Les performances des classifieurs avec un degré de réduction de 6.88 %

- Expérimentation 2 : nous choisissons ATS = 0.12, nombre de ressource = 200, nous avons obtenu 280 cellules mémoires avec une réduction de donnée de 28.57 %. Les résultats sont présentés dans le tableau 3.6 :

Méthode	Taux de classification (%)	Sensibilité (%)	Spécificité (%)
AIRS2	82.69	73.47	87.55
MAIRS2 (Crisp)	89.10	85.18	91.50
MAIRS2 (Flou)	84.51	74.57	89.90

TABLE 3.6 – Les performances des classifieurs avec un degré de réduction de 28.57 %

- Expérimentation 3 : nous choisissons ATS = 0.13, nombre de ressource = 300, nous avons obtenu 248 cellules mémoires avec une réduction de donnée de 36.73 %. Les résultats sont présentés dans le tableau 3.7 :

Méthode	Taux de classification (%)	Sensibilité (%)	Spécificité (%)
AIRS2	81.62	70.79	88.25
MAIRS2 (Crisp)	86.26	76.78	91.89
MAIRS2 (Flou)	84.96	73.12	90.94

TABLE 3.7 – Les performances des classifieurs avec un degré de réduction de 36.73 %

- Expérimentation 4 : nous choisissons ATS = 0.14, nombre de ressource = 300, nous avons obtenu 238 cellules mémoires avec une réduction de donnée de 39.28 %. Les résultats sont présentés dans le tableau 3.8 :
- Expérimentation 5 : nous choisissons ATS = 0.15, nombre de ressource = 200, nous avons obtenu 218 cellules mémoires donc une réduction de donnée de 44.38 %. Les résultats sont présentés dans le tableau 3.9 :

Méthode	Taux de classification (%)	Sensibilité (%)	Spécificité (%)
AIRS2	78.87	72.93	82.68
MAIRS2 (Crisp)	83.73	79.30	86. 57
MAIRS2 (Flou)	82.96	76.61	86.59

TABLE 3.8 – Les performances des classifieurs avec un degré de réduction de 39.28 %

Méthode	Taux de classification (%)	Sensibilité (%)	Spécificité (%)
AIRS2	74.99	66.00	89.31
MAIRS2 (Crisp)	80.90	75.50	94.90
MAIRS2 (Flou)	82.17	67.95	93.50

TABLE 3.9 – Les performances des classifieurs avec un degré de réduction de 44.38 %

– Expérimentation 6 : nous choisissons ATS = 0.2, nombre de ressource = 200, nous avons obtenu de 132 cellules mémoires avec une réduction de donnée de 66.23 %. Les résultats sont présentés dans le tableau 3.10 :

Méthode	Taux de classification (%)	Sensibilité (%)	Spécificité (%)
AIRS2	69.14	58.97	74.40
MAIRS2 (Crisp)	72.24	61.19	76.29
MAIRS2 (Flou)	73.78	61.23	81.36

TABLE 3.10 – Les performances des classifieurs avec un degré de réduction de 66.23 %

4.2.5 Interprétation des résultats

Globalement nous remarquons que la réduction de données et inversement proportion-nelle au taux de classification. En effet avec une réduction de 6.88 % nous avons obtenu un taux de classification de 91.40 % par le MAIRS2 alors que pour une réduction de 66.23 % nous avons obtenu un taux de classification de 72.24 %. Puisque les algorithmes utilisés pour la classification sont k-ppv et k-ppv flou, la réduction de la base d'apprentissage permet de diminuer le temps nécessaire pour la classification. Donc, il faut faire un com-promis entre la réduction de données et le taux de classification. En tenant compte de ces facteurs, nous trouvons que les meilleurs résultats sont obtenus avec une réduction de données de 28.57 % :

AIRS2 : TC = 82.69 %, Se = 73.47 % et Sp = 87.55 % ;

MAIRS2 (Crisp) : TC = 89.10 %, Se = 85.18 % et Sp = 91.50 % ;

MAIRS2 (Flou) : TC = 84.51 %, Se = 74.57 % et Sp = 89.90 % ;

Le tableau 15 présente la matrice de confusion des trois classifieurs pour un ensemble d'apprentissage de 353 patientes. La classification a été effectuée sur un ensemble de test de 40 patientes dont 26 de non diabétiques et 14 diabétiques. L'ensemble de cellules mé-moires obtenues est de 169 cellules avec une réduction de données de 56.89 %.

Actuel	Prédite		Méthode
	Diabétiques	Non- Diabétiques	
Diabétiques	11	3	AIRS2
Non- Diabétiques	4	22	
Diabétiques	12	2	MAIRS2
Non- Diabétiques	3	23	

TABLE 3.11 – Matrice de confusion.

Le tableau 3.12 présente les résultats obtenus pour quelques patientes avec la méthode MAIRS2. Nous remarquons que les patientes 1, 2, 3 et 4 ont été correctement classées mais à des degrés différents. La patiente 1 lui a été attribué un degré d'appartenance de 53,78 % à la classe des diabétiques car même si elle a un glucose > 126 mg/dl et un IMC élevé, les autres facteurs de risque tel que le pedigree sont dans des niveaux normaux. Par contre, la patiente 2 lui a été attribué un degré d'appartenance de 74,00 % à la classe des diabétiques car tous ses facteurs de risque sont élevé même si son taux de glucose est de 120 mg/dl.

Les patientes 5 et 6, ont été mal classées. Ce qui est compréhensible étant donné que la patiente 5 présente des valeurs élevées pour tous les facteurs alors qu'elle n'est pas diabétique. La patiente 6 possède un pédigree au dessus de la moyenne ainsi qu'un IMC élevé et son taux de glucose est égale à 93 mg/dl alors qu'elle est diabétique, c'est pourquoi il lui a été attribué un degré d'appartenance à la classe des diabétique de 36,72 %. Comme

Patiente	Ngross	Glu	PAD	Epai	INS	IMC	Ped	Age	diabétique	Prédiction	
										Classe 0	Classe 1
1	3	130	78	23	79	28.4	0.322	34	Oui	46,22 %	53,78 %
2	11	120	80	37	150	42.3	0.785	48	Oui	26,00 %	74,00 %
3	0	134	58	20	291	26.4	0.352	21	Non	91,73 %	8,27 %
4	2	121	70	32	95	39.1	0.886	23	Non	51,67 %	48,33 %
5	13	153	88	37	140	40.6	1.174	39	Non	7,06 %	92,94 %
6	2	93	64	32	160	38.0	0.674	23	Oui	63,28 %	36,72 %

TABLE 3.12 – Résultats obtenus par la méthode MAIRS2

il a été indiqué dans le chapitre du diabète, le facteur le plus important pour le diagnostic du diabète est le taux de glucose dans le sang ($\geq 200mg/dl$), les autres paramètres de la base de données sont principalement des facteurs de risque. C'est pourquoi, on trouve dans la base (Tableau 3.13)des patientes avec un IMC et un facteur génétique haut mais avec un glucose bas et donc considérée comme non diabétique (patiente 1). Parfois des patientes avec un glucose et des facteurs de risque élevés sont non diabétique (patientes 3 et 4) ou l'inverse (patientes 5 et 6), se sont ces cas exceptionnels qui peuvent conduire à des erreurs de classification.

Patiente	Ngross	Glu	PAD	Epai	INS	IMC	Ped	Age	diabétique
1	9	120	72	22	56	20.8	0.7330	48	Non
2	7	142	60	33	190	28.8	0.6870	61	Non
3	4	197	70	39	744	36.7	2.3290	31	Non
4	0	173	78	32	265	46.5	1.1590	58	Non
5	3	78	50	32	88	31	0.2480	26	Oui
6	6	119	50	22	176	27	1.3180	33	Oui

TABLE 3.13 – Patientes de la base Pima Indian Diabetes

4.3 Comparaison des résultats avec l'état de l'art

Les travaux menés sur la classification du diabète, utilisent la base Pima Indian Diabetes en entier, données manquantes y compris, le tableau 3.14 présente le taux de classification obtenu par différents classifieurs.

Auteurs	Méthode	Taux de classification
Purnami & al.(2009)	smooth SVM	93.20 %
Notre travail	MAIRS2	89.10 %
Polat & al. (2007)	AIRS with fuzzy resource allocation mechanism	84.42 %
Notre travail	AIRS2	82.69 %
Aibinu & al. (2010)	CVNN-based CAR	81.00 %
Aibinu & al. (2010)	RVNN- based AR	80.65 %
Ganji & al. (2010)	fuzzy Ant Colony Optimization	79.48 %
Polat & al. (2007)	AIRS	79.22 %
Tsipouras & al. (2009)	Automated creation of transparent fuzzy models based on decision trees	75.91 %
Polat & al. (2005)	AWAIS	75.87 %
Ster & al. (1996)	LFC	75.8 %
Jayalakshmi & al. (2010)	ANN sur base sans données manquante	68.56 %

TABLE 3.14 – Comparaison des résultats

Nous remarquons que le taux de classification obtenu par notre méthode est parmi les meilleurs résultats obtenus jusqu'à maintenant pour la classification du diabète. Par contre, la méthode MAIRS2 a donnée les meilleurs résultats par rapports aux autres algorithmes des systèmes immunitaires artificiels, à savoir : AWAIS, AIRS et AIRS avec allocation de ressource floue qui ont obtenu respectivement un taux de classification de 75.87 %, 79.22 %, 84.42 %.

5 Conclusion

Dans ce chapitre, nous avons implémenté deux méthodes pour l'aide au diagnostic du la base de données Pima Indian Diabetes. La première est une application d'un algorithme des Systèmes Immunitaires Artificiels à apprentissage supervisé appelé AIRS2 (Artificial Immune Recognition System 2). La deuxième méthode est une modification de l'AIRS2, dans la quel l'algorithme K-ppv utilisé par l'AIRS2 classique pour l'étape de classification a été changé par sa version flou, le K-ppv flou. Cette deuxième méthode, nous a permis non seulement d'améliorer le taux de classification de 6.42 % par rapport à l'AIRS2 classique mais aussi de déterminer le degré d'appartenance de la patiente à chacune des deux classes.

Conclusion

Le diabète est considéré actuellement comme la maladie du siècle vu le nombre de diabétiques qui ne cesse d'augmenter. Selon une enquête menée par l'institut national de santé publique, le diabète se situe dans la quatrième place des maladies chroniques non transmissibles en Algerie. La prévalence du diabète de type 2 dans l'est et l'ouest du pays varie entre 6.4 % et 8.2 % chez des patients allant de 30 à 64 ans. [49]. Le diabète est l'une des maladies les plus répondu au monde avec plus de 220 millions de personnes diabétiques. L'augmentation du nombre de diabétique est tellement rapide que l'organisation mondiale de la santé (OMS) l'a identifié comme étant une épidémie.

Beaucoup de travaux ont été mené afin d'effectuer la classification ou le diagnostic du diabète. Dans ce mémoire de magister, nous avons présenté une méthode pour le diagnostic du diabète basée sur les systèmes immunitaires artificiels et les systèmes flous. L'algorithme des SIAs effectue un apprentissage supervisé et génère un ensemble de données appelé cellules mémoires qui représentent des prototypes des données de la base d'apprentissage. Une cellule mémoire peut représenter une ou plusieurs entrées de la base d'apprentissage, ce qui est très utile étant donnée que la méthode utilisée pour la classification est l'algorithme K-plus proche voisin flou dont le temps d'exécution dépend de la taille de la base.

Nous avons testé notre méthode sur la base Pima Indian Diabetes qui est une collection de rapports de diagnostic médicaux de 392 femmes âgé de plus de 21 ans. Les patientes de cette base sont des indiennes Pima, une population vivant près de Phoenix, Arizona, qui ont la plus haute prévalence du diabète dans le monde.

Le taux de classification obtenu avec notre méthode est parmi les meilleurs résultats obtenus jusqu'à maintenant pour la classification du diabète, ce taux est aussi le meilleur résultat obtenu par rapports aux autres algorithmes des systèmes immunitaires artificiels.

Les principales perspectives de recherche qui apparaissent à l'issue de ce travail sont l'utilisation d'autres méthodes pour le calcul de la fonction d'affinité à la place de la distance Euclidian, l'utilisation d'autres méthodes de classification tel que les méthodes à base de connaissance pour augmenter l'interprétabilité du diagnostic. Aussi nous souhaitons trouver une solution efficace pour traiter les données manquante de la base.

Bibliographie

1. A. Moreno et al., Aprendizaje Automático. : UPC, 1994.

2. N. Lavrac, E. Keravnou, and B. Zupan, Intelligent Data Analysis in Medicine., 1997.

3. S. W. Purnami, A. Embong, J. M. Zain, and S. P. Rahayu, "A New Smooth Support Vector Machine and Its Applications in Diabetes Disease Diagnosis.," Journal of Computer Science, pp. 1003–1008, 2009.

4. K. Polat and S. Güneş, "An improved approach to medical data sets classification : artificial immune recognition system with fuzzy resource allocation mechanism.," Expert Systems, pp. 252-270, 2007.

5. S. Şahan, K. Polat, H. Kodaz, and S. Güneş, "The Medical Applications of Attribute Weighted Artificial Immune System (AWAIS) : Diagnosis of Heart and Diabetes Diseases," ICARIS, pp. 456 – 468, 2005.

6. T. Jayalakshmi and A. Santhakumaran, "A Novel Classification Method for Diagnosis of Diabetes Mellitus Using Artificial Neural Networks," International Conference on Data Storage and Data Engineering, 2010.

7. M.F. Ganji and M.S. Abadeh, "Using fuzzy Ant Colony Optimization for Diagnosis of Diabetes Disease.," IEEE, 2010.

8. D. Altit, "Diabetes (1ª Parte)," Correo Farmacéutico, 2003.

9. World Health Organization WHO, "Definition, Diagnosis and Classification of Diabetes Mellitus and its Complications. Report of a WHO Consultation. Part 1 : Diagnosis and Classification.," Geneva, 1999.

10. Medical News Today.

Online. . http ://www.medicalnewstoday.com/info/diabetes/

11. Association Latino-Américaine de Diabète ALAD, Guías ALAD de diagnóstico, control y tratamiento de la Diabetes Mellitus Tipo 2., 2007.

12. L. Rubi Dr. Alan, Diabetes Para Dummies, 2a Edición. Indianápolis, Indiana : Wiley Publishing, Inc, 2007.

13. Le Portail des Diabétique Froncophones. http://www.diabetenaute.net/article.php3?id_article=26

14. M. Gharbi, Optimisation grâce aux Systèmes Immunitaires Artificiels. CERV : Centre ii Européen de Réalité Virtuelle. EA.3883. EBV. Ecosystémique et Biologie Virtuelles, 2006.

15. L.N. De Castro and F.J. Von Zuben, "Artificial Immune Systems : Part I, Basic Theory and Application," Technical Report 1999.

16. I. LABED, "Proposition d'un système immunitaire artificiel pour la détection d'intrusions," Université Mentouri De Constantine, Thèse de magister 2006.

17. M. Moutschen, "Immunologie générale," Université de Liège, Cour 2009.

18. J. Timmis, T. Knight, L.N. de De Castro, and E. Hart., "An Overview of Artificial Immune Systems," in Computation in Cells and Tissues : Perspectives and Tools for Thought, Natural Computation Series., 2004, pp. 51-86.

19. L.N. De Castro and Jonathan Timmis, "In Artificial Neural Networks in Pattern Recognition Artificial Immune Systems : A Novel Paradigm to Pattern Recognition," University of Paisley, UK, pp. 67-84, 2002.

20. L. N. De Castro and F.J. Von Zuben, "Learning and Optimization Using the Clonal Selection Principle," IEEE Transactions on Evolutionary Computation ; Special Issue on Artificial Immune Systems, 2001.

21. N. K. Jerne, "Towards a Network Theory of the Immune System, 125C," vol. 373 – 389, 1974.

22. U. Aickelin and D. Dasgupta, "Artificial immune systems," in Search Methodologies : Introductory Tutorials in Optimization and Decision Support Techniques., 2005, pp. 375-399.

23. A. Coutinho, "Beyond Clonal Selection and Network," no. 110, 1986.

24. J.D. Farmer, N. Packard, and A. Perelson, "The immune system, adaptation and machine learning," vol. 2, 1986.

25. L. N. De Castro and J. Timmis, "Artificial Immune Systems : A New Computational Intelligence Approach," Springer-Verlag, 2002.

26. AISWeb ; the Online Home of Artificial Immune Systems.

Online. . http ://www.artificial-immune-systems.org/algorithms.shtml

27. F.J Von Zuben and L.N. De Castro, "aiNet : An artificial Immune Network for Data," in Data Mining : A Heuristic Approach. : Idea Group Publishing, USA, 2001.

28. A. Watkins, L. Boggess, and J. Timmis, "Artificial Immune Recognition System (AIRS) : An iii Immune-Inspired Supervised Learning Algorithm," Genetic Programming and Evolvable Machines, pp. 291–317, 2004.

29. Hung-Chun Lin, Chao-Ton Su, and Pa-Chun Wang, "An Application of Artificial Immune Recognition System for Prediction of Diabetes Following Gestational Diabetes," Journal of Medical Systems, 2009.

30. S. Ozsena, S Karab, F. Latifoglub, and S. Güneş, "A new supervised classification algorithm in artificial immune systems with its application to carotid artery Doppler signals," Computer methods and programs in biomedicine, pp. 246–255, 2007.

31. F. Latifoglu, K. Polat, S. Kara, and S. Günes, "Medical application of Artificial Immune Recognition System (AIRS) : diagnosis of atherosclerosis from Carotid Artery Doppler Signals," Journal of Biomedical Informatics, pp. 1092–1099, 2007.

32. F. Latifoglu, K. Polat, S. Kara, and S. Günes, "Medical diagnosis of atherosclerosis from Carotid Artery Doppler Signals using principal component analysis (PCA); k-NN based weighting pre-processing and Artificial Immune Recognition System (AIRS)," Journal of Biomedical Informatics, pp. 15–23, 2008.

33. K. Polat, S. Sahan, H. Kodaz, and S. Günes, "A New Classification Method for Breast Cancer Diagnosis : Feature Selection Artificial Immune Recognition System (FS-AIRS)," in ICNC 2005, LNCS 3611. Berlin Heidelberg : Springer-Verlag, 2005, pp. 830 – 838.

34. K. Polat and S. Güneş, "Computer aided medical diagnosis system based on principal component analysis and artificial immune recognition system classifier algorithm.," Expert Systems with Applications, pp. 773–779, 2008.

35. H. Kodaz, S. Ozsen, A. Arslan, and S. Güneş, "Medical application of information gain based artificial immune recognition system (AIRS) : Diagnosis of thyroid disease," Expert Systems with Applications, pp. 3086–3092, 2009.

36. S. Şahan, K. Polat, S. Güneş, and H. Kodaz, "The Medical Applications of Attribute Weighted Artificial Immune System (AWAIS) : Diagnosis of Heart and Diabetes Diseases.," in ICARIS 2005, LNCS 3627. Berlin Heidelberg : Springer-Verlag, 2005, pp. 456 – 468.

37. K. Polat and S. Güneş, "A hybrid approach to medical decision support systems : Combining feature selection; fuzzy weighted pre-processing and AIRS," Computer methods and programs in biomedicine, pp. 164–174, 2007. iv

38. K. Polat, S. Sahan, and S. Güneş, "A novel hybrid method based on artificial immune recognition system (AIRS) with fuzzy weighted pre-processing for thyroid disease diagnosis," Expert Systems with Applications, pp. 1141–1147, 2007.

39. K. Polat, S. Sahan, and S. Gunes, "New method to medical diagnosis : Artificial immune recognition system (AIRS) with fuzzy weighted pre-processing and application to ECG arrhythmia," Expert Systems with Applications, pp. 264–269, 2006.

40. K. Polat, S. Güneş, and S. Tosun, "Diagnosis of heart disease using artificial immune recognition system and fuzzy weighted pre-processing," Pattern Recognition, pp. 2186 – 2193, 2006.

4. K. Polat and S. Güneş, "An improved approach to medical data sets classification :

artificial immune recognition system with fuzzy resource allocation mechanism," Expert Systems, 2007.

42. K. Polat and S. Gunes, "Automated identification of diseases related to lymph system from lymphography data using artificial immune recognition system with fuzzy resource allocation mechanism (fuzzy-AIRS)," Biomedical Signal Processing and Control, pp. 253–260, 2006.

43. K. Polat and S. Güneş, "A new method to forecast of Escherichia coli promoter gene sequences : Integrating feature selection and Fuzzy-AIRS classifier system.," Expert Systems with Applications, pp. 57–64, 2009.

44. K. Polat, S. Sahan, H. Kodaz, and S. Günes, "Breast cancer and liver disorders classification using artificial immune recognition system (AIRS) with performance evaluation by fuzzy resource allocation mechanism.," Expert Systems with Applications, pp. 172–183, 2007.

45. J.M. Keller, M.R. Gray, and J.A. Givens, "A fuzzy k-nearest neighbor algorithm," vol. 580–585, 1985.

46. D. Goodman, L. Boggess, and A. Watkins, "An Investigation into the Source of Power for AIRS ; an Artificial Immune Classification System," in Proceedings of the International Joint Conference on Neural Networks (IJCNN'03)., 2003, vol. 1678-1683.

47. The Pima Indian pathfinders for Health. The Pima Indian pathfinders for Health. **Online.** . http ://diabetes.niddk.nih.gov/dm/pubs/pima/index.htm

48. N. LEVISALLES, "En Arizona ; les Indiens pimas recordmen du diabète. En Arizona ; les Indiens pimas recordmen du diabète. Enquête sur la population la plus touchée au monde," v Liberation.fr, 2000. **Online.** . http ://www.liberation.fr/sciences/0101335856-en-arizona-les-indiens-pimas-recordmen-du-diabete-enquete-sur-la-population-la-plus-touchee-au-monde

49. Ministère Algérien de la santé de la Population et de la Reforme, Guide du diabétologue du comité médical national de diabétologie, Comité Médical National de Diabétologie et la direction de la prévention avec l'appui de l'organisation mondial de la santé., 2005.

50. T. P. Exarchos, et D. I. Fotiadis M. G. Tsipouras, "Automated creation of transparent fuzzy models based on decision trees – application to diabetes diagnosis," 30th Annual International IEEE EMBS Conference, Vancouver, 2008.

51. M. J. E. Salami and A. A. Shafie. A. M. Aibinu, "Application of Modeling Techniques to Diabetes Diagnosis," IEEE EMBS Conference on Biomedical Engineering & Sciences, 2010.

52. Système immunitaire artificiel. http://www.worldlingo.com/ma/enwiki/fr/Artificial_immune_system

53. S. W. Purnami, A. Embong, J. M. Zain, and S. P. Rahayu,.

54. R. Nowicki, "Rough Neuro-Fuzzy Structures for Classification With Missing Data," IEEE TRANSACTIONS ON SYSTEMS, MAN, AND CYBERNETICS—PART B : CYBERNETICS, VOL. 39, NO. 6, pp. 1334-1347, 2009.

55. P. Kourilsky, "Immunologie moléculaire," 2007.

56. H. Khelil, A. Benyettou, and A. Belaid, "Application du système immunitaire artificiel pour la reconnaissance des chiffres," Maghrebian Conference on Software Engineering and Artificial Intelligence - MCSEAI'08, 2008.

57. K. Polat and S. Güneş, "Hepatitis disease diagnosis using a new hybrid system based on feature selection (FS) and artificial immune recognition system with fuzzy resource allocation.," Digital Signal Processing, pp. 889–901, 2006.

58. J. Dreo and P. Siarry,. Université de Paris XII Val-de-Marne Laboratoire d'Etude et de Recherche en Instrumentation, 2003.

Résumé

L'utilisation des systèmes experts et les techniques dites intelligentes en diagnostic médical ne cesse d'augmenter graduellement. Les Systèmes Immunitaires Artificiels (SIAs) sont des méthodes parmi d'autres utilisées dans le diagnostic médical. Ce mémoire présente une approche hybride MAIRS2 (Modified Artificial Immune Recognition System 2) basé sur l'apprentissage du AIRS2 et l'algorithme K-plus proche voisin flou (k-ppv flou) pour reconnaître les personnes diabétiques présentes dans la base de données Pima Indians diabetes (PID). Les performances des deux classifieurs, AIRS2 et MAIRS2, ont été comparées en fonction du taux de classification, sensibilité et spécificité. Les plus hauts taux de classification obtenus par l'application de l'AIRS2 et MAIRS2 sont respectivement 82.69 % et 89.10 %, en appliquant l'approche 10-folds cross-validation.

Mots clés

Base de données Pima Indians diabetes, diagnositic, AIRS2, MAIRS2, K-plus proche voisin flou.

Abstract

The use of expert systems and artificial intelligence techniques in disease diagnosis has been increasing gradually. Artificial Immune Recognition System (AIRS) is one of the methods used in medical classification problems. AIRS2 is a more efficient version of the AIRS algorithm. In this paper, we used a modified AIRS2 called MAIRS2 where we replace the K- nearest neighbors algorithm with the fuzzy K-nearest neighbors to improve the diagnostic accuracy of diabetes diseases. The diabetes disease dataset used in our work is retrieved from UCI machine learning repository. The performances of the AIRS2 and MAIRS2 are evaluated regarding classification accuracy, sensitivity and specificity values. The highest classification accuracy obtained when applying the AIRS2 and MAIRS2 using 10-fold cross-validation was, respectively 82.69 % and 89.10 %.

Keywords

Pima Indians diabetes data set, diagnosis, AIRS2, MAIRS2, fuzzy k- nearest neighbors.